·青少年网络心理研究
Internet Psychology and Beha

青少年网络使用与学业成绩

Adolescent's Internet Use and
Academic Achivement

程建伟 著

中国出版集团
世界图书出版公司
广州·上海·西安·北京

图书在版编目(CIP)数据

青少年网络使用与学业成绩/程建伟著.—广州：
世界图书出版广东有限公司, 2014.9
　ISBN　978-7-5100-8719-6

　Ⅰ.①青… Ⅱ.①程… Ⅲ.①互联网络－影响－青少年－学习成绩－研究 Ⅳ.①G632.47

中国版本图书馆 CIP 数据核字(2014)第 231224 号

青少年网络使用与学业成绩

责任编辑	黄利军
封面设计	高　燕
出版发行	世界图书出版广东有限公司
地　　址	广州市新港西路大江冲 25 号
邮　　箱	xlxbook@163.com
印　　刷	虎彩印艺股份有限公司
规　　格	880mm×1230mm　1/32
印　　张	7.5
字　　数	170 千字
版　　次	2014 年 9 月第 1 版　2015 年 3 月第 2 次印刷
ISBN	978-7-5100-8719-6/B・0102
定　　价	26.00 元

版权所有　侵权必究

前　言

　　Internet 即互联网，专指一个全球最大的、开放的、由许多规模不等的计算机互相连接而成的网络。互联网，其前身是美国国防部在 1969 年建立的阿帕网(APRANET)[①]，主要用于军事领域。不久，其便捷快速的优点吸引很多学术和科研机构加入，阿帕网便由军事领域进入经济、政治、文化领域，随后更多的民间组织并入阿帕网，并称之为 Internet。到了 20 世纪 80 年代中期，Internet 被人们广泛接受；1990 年军方关闭了阿帕网，阿帕网正式被互联网代替。互联网从军用到学术研究，再到商业领域，最后进入寻常百姓家，深入到人们日常生活的方方面面。互联网的迅猛发展，标志着人类进入信息时代，人类的生活也因此产生了巨大的变化。

　　2014 年第一天，《纽约时报》发表评论称，2013 年科技行业没有带来太多惊喜，是互联网乏味的一年。但是 2013 年的中国互联网，却是一个爆发的元年。在这一年里，互联网从窗口变成了引擎，从 PC 到了手机，改变着我们的生活，推动着进步，无时不网络、无地不网络成为现实。[②]

　　首先，未来将是即时通讯的时代。截至 2014 年 6 月，我国手机

[①] 郭良. 网络创世纪——从阿帕网到互联网[M]. 北京：中国人民大学出版社，1998：3.
[②] 李迩. 2014，互联网将继续改变我们生活[N]. 深圳商报 2014 年 1 月 2 日 B08 版.

网民规模达 5.27 亿,随着 4G 牌照正式发放,制约移动互联网发展的瓶颈不复存在,网民中使用手机上网的人群占比达到 83.4%;我国即时通信网民规模达 5.64 亿,博客和个人空间网民数量为 4.44 亿,微博网民规模为 2.75 亿,社交网站网民规模为 2.57 亿[1]。根据腾讯公司发布的官方数据,2012 年底 QQ 注册使用者超过 10 亿,活跃使用者超过 7 亿[2]。截至 2013 年 1 月,中国大陆地区微信的使用者数量更是突破 3 亿。而在国外,2011 年北美有 2 亿 9 千万人使用社交网站,欧洲有 2 亿 2 千 3 百万;有 80%的美国青少年报告他们在社交网站拥有个人主页[3]。

其次,电子商务发展迅猛,不断冲击传统产业。2008 年,全国只有 4641 万人使用网络购物,使用率为 22.1%,学历越高,网上购物比例越高。当时平均一个网络购物网民最近半年网上购物金额是 466 元,中小学生很少使用网络购物功能,所以在我 2007 年设计的《青少年互联网使用偏好量表》里,没有电子商务这一项目。而截至 2014 年 6 月,我国网络购物网民规模达到 3.32 亿人,网络购物使用率提升至 52.5%。手机在线支付也快速增长,用户达到 2.05 亿,占手机网民的比例为 38.9%[4]。网购的商品堆满了中学的传达室,大学生每天中午和傍晚下课后最忙的事也是收快递。随着上网人数的增长,网民的购买力也不断提升,网上购物、团购、网上支付、旅

---

[1] CNNIC(中国互联网络信息中心).第 34 次中国互联网络发展状况统计报告[R/OL]. 2014-07[2014-09-29]. http://www.cnnic.net.cn/hlwfzyj/hlwxzbg/.

[2] 王潇雨.微信使用者使用行为及意图探讨[D]. 兰州:兰州大学新闻与传播学院,2013.

[3] Alloway, T. P., Horton, J., & Alloway, R. G. Social networking sites and cog-nitive abilities: Do they make you smarter? [J]. Computers & Education,2013(63):10–16.

[4] CNNIC(中国互联网络信息中心).第 34 次中国互联网络发展状况统计报告[R/OL]. 2014-07[2014-09-29]. http://www.cnnic.net.cn/hlwfzyj/hlwxzbg/.

行预订等已经形成为一种习惯,众多的传统企业也纷纷向电子商务转型,电商大战硝烟四起。传统行业也只能打破常规植入互联网之中,互联网金融、互联网农业、互联网教育、互联网医疗、互联网旅游等正在从产品形态、销售渠道、服务方式、盈利模式等多个方面打破行业原有的形态。

互联网不知不觉已经成为我们生活的一部分。当今时代的孩子一出生就被科技产品所包围着,如电视机、DVD、电脑、MP4、平板电脑等等,他们生活在QQ、微博、微信、YouTube、Facebook、Twitter的世界里,他们在其中学习、交友、视频、游戏、分享,他们打字比说话快,游戏比阅读多,每天睡觉的时候手机、平板在枕头旁震动,睡觉起来第一件事是刷新微博微信看聊天记录。他们的成长注定与父辈不一样,他们的心理发展注定与互联网发展密不可分。

国际通用的对网民的定义为:半年内使用过互联网的6周岁及以上公民[1]。在全球各国中,冰岛的互联网普及率最高,达到86.3%;网民规模最大的美国以及我们的邻国日本、韩国互联网普及率都在65%以上。根据南加州大学未来数字研究中心(Center for the Digital Future, USC)2007年的最新报告,有超过四分之三的美国人是互联网使用者,77.6%的用户是12岁以上的。有68.1%的美国人在家使用互联网,这个数字比2000年(46.9%)上升很多。根据中国互联网络信息中心2014年7月提交的第34次中国互联网络发展状况统计报告,截至到2014年6月,我国网民规模达6.32亿,互联网普及率为46.9%,已然超过了30%的世界平均普及率。南加州大学未来数字研究中心2004年的报告显示,美国互联网的最大使用群体是

---

[1] CNNIC(中国互联网络信息中心).第20次中国互联网络发展状况统计报告[R/OL].2007-07[2007-9-25]. http://www.cnnic.net/index/0E/00/11/index.htm

24岁及以下的年轻人,而这其中18岁及以下的青少年几乎接近100%。可见,青少年和年轻人仍是全世界网民的主力军,是互联网自组织[①]的重要参与者。

2004年我的孩子上小学一年级,我发现他和很多的孩子都一样喜欢使用电脑,喜欢上网,而且无师自通。作为一位心理学工作者和一位母亲,我开始关注互联网带给青少年的心理影响。互联网好比一把双刃剑,它在给我们带来方便快捷的资讯、商业往来、人际交流以及娱乐的同时,也带来了很多社会问题(如隐私、安全、色情、自由言论、数字鸿沟、网络犯罪、虚拟社区、知识产权等)以及心理问题(如网络成瘾、网络对人的心理健康的影响)等。互联网的出现,也使青少年的成长环境发生了巨大的改变,青少年使用互联网的行为以及互联网本身作为一种新的学习工具、文化载体和社会媒介,都对青少年的心理发展(如认知过程、学习方式、自我同一性、亲密关系、情绪、性格等各方面)产生着重要的影响,也给心理学家、教育学家和其他研究者提供了一个新的研究领域。但是心理学研究常常是落后于科技发展带给人类的心理影响,很长一段时间人们忽视了互联网使用与心理发展的研究,直到部分互联网的过度使用引发心理障碍的个案出现才引起专家、学者的广泛关注。Goldberg(1995)首先提出网络成瘾(Internet Addiction)一词,而后Young(1996)通过研究证实了这一现象的存在,并提出了网络成瘾是一种新的精神疾病:互联网成瘾障碍(Internet Addiction Disorder;IAD);但Davis(2001)等主张以病理性互联网使用(Problematic Internet Use;PIU)来取代网络成瘾的提法,之后引发了学者对病理性互联网使用的大

[①] Granic, I., Lamey, A, V. The Self-organization of Internet and changing models of thought[J]. New Ideas in Psychology, 2000(18):93–107.

量深入研究。但是,网络成瘾的青少年毕竟只是少数,大多数青少年还是合理利用互联网并从中获益,我们更应该关注大多数正常使用互联网的青少年,研究他们在互联网环境下的心理发展,以便引导青少年更加合理有效地使用互联网。

2005年到2008年期间我从青少年互联网使用与认知发展、学业成绩的关系入手,调查青少年使用互联网的基本现状,考察互联网使用时间、互联网使用偏好与阅读能力、信息技能和学业成绩的关系。但是,比起对网络成瘾或病理性互联网使用的研究,以及对青少年网络人际交往和心理健康的大量研究,关于互联网使用与青少年认知发展、学业成绩的关系的研究特别是实证研究还相对较少,还有许多未知的课题值得我们去探讨。由于青少年的认知发展是一个庞大的课题,互联网使用与学习成绩的关系涉及很多错综复杂的因素,如概念的获得、网络语言的出现、阅读能力、创造性思维、家庭教育与学校教育、互联网使用偏好等,一两个研究并不能够回答所有的问题,还需要更多的后续研究。于是从2013年开始我设想将这些研究集结出版,并对近年来青少年互联网使用与学习成绩、认知发展方面的最新研究进行了整理放在最后一章。希望这些研究对现今互联网时代中的学校教育、家庭教育、社会教育等有一定的启发,也请各位相关的专家、学者予以批评指正。

目 录

第1章 青少年互联网使用与认知发展研究综述 ………… 1
  1.1 互联网使用与认知发展的理论模型 …………………… 1
  1.2 互联网使用与青少年认知发展、学业成绩的实证研究 … 5
  1.3 本章小结 ……………………………………………… 42

第2章 问题的提出与研究总体设计 ……………………… 44
  2.1 问题的提出 …………………………………………… 44
  2.2 研究的总体构想及假设 ……………………………… 48
  2.3 研究方法与思路 ……………………………………… 51

第3章 青少年互联网使用偏好量表的编制 …………… 55
  3.1 本章研究目的与假设 ………………………………… 55
  3.2 青少年互联网使用偏好量表的项目编制过程 ……… 55
  3.3 探索性因素分析与问卷的形成 ……………………… 57
  3.4 青少年互联网使用偏好量表的验证性因素分析 …… 64
  3.5 讨　论 ………………………………………………… 71
  3.6 本章小结 ……………………………………………… 73

第4章 青少年信息技能评估量表的编制 …………………… 74

4.1 本章研究目的与假设 ………………………………… 74

4.2 青少年信息技能评估指标体系的建立 ……………… 74

4.3 青少年信息技能评估指标体系的德尔菲法预测 …… 77

4.4 青少年信息技能评估指标体系的测试检验 ………… 84

4.5 问卷的实施与信度、效度分析 ……………………… 87

4.6 青少年信息技能总体状况分析 ……………………… 90

4.7 讨 论 ………………………………………………… 96

4.8 本章小结 ……………………………………………… 101

第5章 青少年互联网使用状况调查 ……………………… 102

5.1 本章研究目的与假设 ………………………………… 102

5.2 研究方法 ……………………………………………… 103

5.3 结果与分析 …………………………………………… 104

5.4 讨 论 ………………………………………………… 114

5.5 本章小结 ……………………………………………… 117

第6章 青少年互联网使用与信息技能、学业成绩的关系研究

………………………………………………………………… 119

6.1 本章研究目的与研究假设 …………………………… 119

6.2 研究方法与过程 ……………………………………… 120

6.3 研究结果 ……………………………………………… 121

6.4 讨 论 …………………………………………… 132

6.5 本章小结 ………………………………………… 138

第 7 章 小学生互联网使用偏好、信息技能、阅读能力与学习成绩的关系研究 ……………………………………… 140

7.1 本章研究目的与研究假设 ……………………… 140

7.2 研究方法与过程 ………………………………… 142

7.3 研究结果 ………………………………………… 143

7.4 讨 论 …………………………………………… 147

7.5 本章小结 ………………………………………… 150

第 8 章 青少年的互联网使用与信息技能、阅读能力和学习成绩 …………………………………………………… 151

8.1 青少年互联网使用偏好的特点与发展趋势 …… 151

8.2 青少年信息技能的特点与发展趋势 …………… 152

8.3 青少年互联网使用的总体状况 ………………… 153

8.4 青少年互联网使用偏好与信息技能、阅读能力的关系 …………………………………………………… 154

8.5 青少年互联网使用与学业成绩的关系 ………… 156

8.6 对教育实践的启示 ……………………………… 161

8.7 研究的创新点与不足 …………………………… 164

8.8 总体结论 …… 166

第9章 青少年互联网使用研究最新进展 …… 169
9.1 互联网使用与青少年认知发展 …… 172
9.2 互联网使用与青少年学业成绩 …… 178
9.3 小结与展望 …… 187

参考文献 …… 191

附 录 …… 205
附录1:青少年互联网使用偏好问卷初始项目 …… 205

附录2:青少年互联网使用偏好问卷项目 …… 207

附录3:青少年信息技能评估指标体系专家咨询问卷（第一次）…… 208

附录4:青少年信息技能评估指标体系专家咨询问卷（第二次）…… 212

附录5:青少年信息技能评估问卷初始项目 …… 215

附录6:青少年信息技能评估问卷初步问卷 …… 218

附录7:青少年信息技能评估正式问卷 …… 221

后 记 …… 224

第1章
青少年互联网使用与认知发展研究综述

1.1 互联网使用与认知发展的理论模型

在互联网使用与心理发展的理论方面,关于互联网使用与人的社会性发展关系的研究比较多,如 Kraut 等人(1998)提出的富者更富模型、Mckenna 和 Bargh(1998)的社会补偿模型,以及 Davis(2001)的认知行为模型和 Bandura(2001)的社会认知模型;而关于互联网使用与人的认知发展的理论模型较少,如相互作用模型和调节学习模型,而且这些模型都是整体框架型的,缺少对影响机制的细致描述。陈琦,张建伟(2003)提出一个整合性学习模型,但主要是针对学校教学的。以下就简要介绍一下与儿童和青少年认知发展有关的相互作用模型、调节学习模型以及一个儿童与青少年在线行为所需认知能力的理论框架。

1.1.1 相互作用模型

维果斯基(Vygotsky,1978)的社会文化理论强调社会内容通过文化媒介被内化后影响人的思维;皮亚杰(Piaget,1983)的建构主义理论则认为人与环境的积极互动是通过建构的过程进行的。Yan

和 Fischer(2004)在综合社会文化理论和建构主义理论及前人的研究基础上提出一个相互作用模型(见图 1-1)。

```
                    内化(Internalization)
                    ——————————————→

信息技术        □————⬡————○        人类发展
(Information                        (Human
 technology)         媒介(Medium)    development)

                    ←——————————————
                    建构(Construction)
```

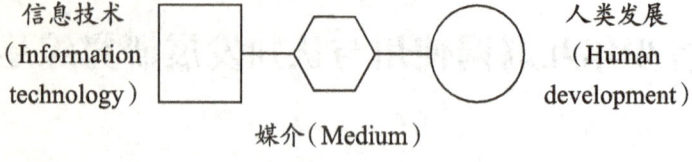

图 1-1　信息技术与人类发展的相互作用

图 1-1 表现了信息技术与人类发展的关系的两个主要特点。首先,信息技术与人类发展是一个双向的相互作用的过程。一个过程是信息技术通过内化影响人类发展,即社会内容通过媒介被个体的思想和行为内化;另一个过程是人类通过建构与信息技术相互作用,即个体的知识体系对信息技术进行积极的顺应和同化,最后掌握信息技术。其次,现代信息技术在这个相互作用的过程中扮演着双重的角色:它既是社会环境(一种虚拟环境),又是文化媒介的一部分。在内化的过程中,社会内容(这时信息技术本身就是社会内容的一部分)一方面直接影响人类发展;另一方面它又通过信息技术(这时信息技术作为一种媒介)间接地影响人类发展。在建构的过程中,人们首先把技术当作一种文化工具来学习,然后他们将运用这种工具与社会内容相互作用。内化与建构这两个相互作用的过程是同时和持续发生的,是动态的双方向系统。因此,这两个过程不能被混淆,更重要是两个过程都不能被忽视和低估。这说明互联网使用与人类认知发展也是相互影响、共同发展的过程。

1.1.2 互联网调节下的学习模型

Young(2007)在整合了四种认知理论(认知负荷理论、认知灵活性理论、双编码理论和流畅体验)和三种学习的社会—文化理论(充分认知、分配认知和活动理论)的基础上,通过对儿童非正式互联网使用的研究,提出一个"互联网调节下的学习模型"(Internet-Mediated Learning Model)(见图1-2)。

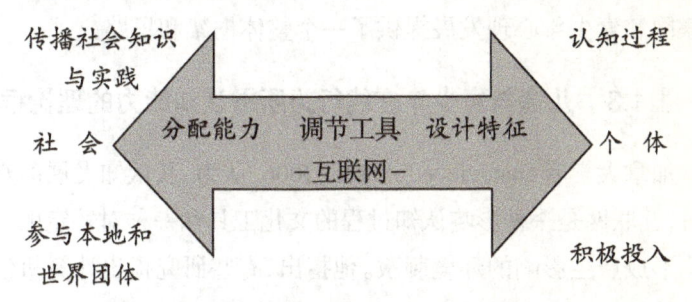

```
传播社会知识                              认知过程
  与实践
              分配能力  调节工具  设计特征
社  会                                   个  体
                     -互联网-

参与本地和                                积极投入
世界团体
```

图1-2 互联网调节下的学习模型

他认为互联网是一个具有文化价值的认知工具,由物理的和心理的两种形式组成,学习是发生在互联网调节下的活动,是个体认知、工具(互联网)和社会三者之间复杂的、相互作用的关系的结果。该模型强调,调节工具(互联网)通过它的分配能力对社会产生影响(社会—文化理论),而它对个体学习的影响则归功于它的独特的设计特征(认知理论)。

Young同时还进行了一个小样本的定性研究,5名被试的年龄在10岁9个月和11岁11个月之间,并且都是熟练的互联网使用者。他通过记录出声思维活动、观察、访谈和问卷调查,发现了儿童在互联网调节下的学习有三种类别:一个类别是"参与型公民",指儿童通过上网的经历,逐渐在本地、国家和国际三种水平上对社会有了不同的理解;二是"工具—调节型公民",这个类别强调互联网对使用者的影响,指儿童探索到了互联网的设计特征,认识到这种工具的有效性和独特性;三是"适应型公民",这个类别强调儿童的行动和语言的变化,以说明他们为了在互联网环境中更有效地工作而怎样地适应其内容。他认为,我们应该抛掉成人对技术的态度,更多地考虑未来一代在非正式的、非结构化的使用互联网时,他们的技术、知识和行为获得的相应发展。他的研究为我们进一步研究互联网和青少年心理发展提供了一个整体框架和思路。

1.1.3 儿童与青少年在线行为所需认知能力的理论框架

加拿大学者Genevieve Johnson(2006)认为,从认知发展的观点来看,互联网是一种影响认知过程的文化工具和一种对特定的认知架构形成产生影响的环境刺激。他指出,有些研究提出计算机使得认知技能从口头向视觉发展,但互联网使用对认知的影响更复杂,它不像读书和看电视时被动地经历叙述的故事,它是一种互动的过程,需要对显示在屏幕上的文本和图像进行视觉输入及利用键盘、鼠标等进行手工输出,它可以用来交流、浏览手机信息、玩游戏等。从认知发展的角度讲,玩在线游戏可以提高注意力和专心度、视觉注意力、同时处理能力、元认知技能(如计划能力)以及信息处理的速度。浏览网页的认知活动不仅仅是像看书那样只需要简单的解码,还需要计划能力、寻找策略以及对信息的评估能力。因此浏览网页可以提高对信息的视觉处理能力、语言与文字能力、建立知识基础、提高元认知能力如计划与评估的能力。而在线交流的各种形式都需要表达和接受的语言写作能力,需要连续的认知过程,并且同步交流可以减少反应时。他在对互联网对认知发展的理解之上,在认知信息处理模型、社会文化观点、PASS(Plan Attention Simultaneous Succesice)认知加工模型、早期的互联网使用对认知过程的影响的神经学理论研究等基础上,提出了一个儿童与青少年在线行为所需认知能力的理论框架(如图1-3)。①

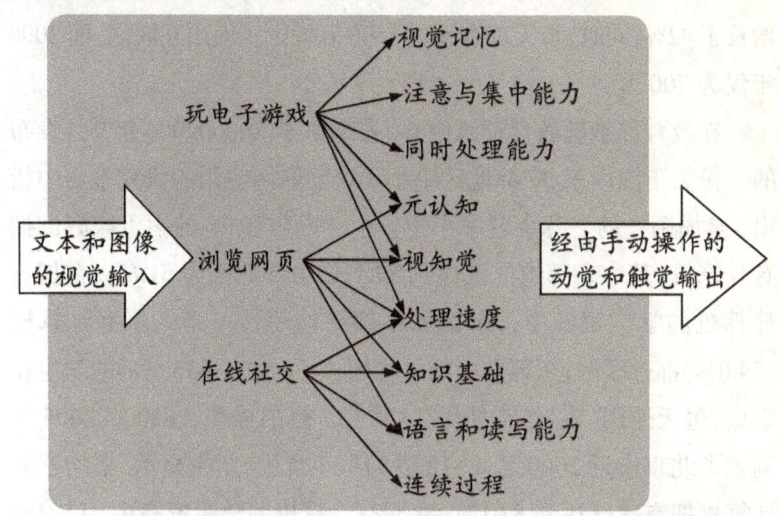

图1-3 一个关于互联网使用过程中需要组织的认知能力的理论框架

1.2 互联网使用与青少年认知发展、学业成绩的实证研究

1.2.1 青少年使用互联网的现状

美国2005年7月发表的一份研究报告(Pew Internet & American Life Project,2005)显示在美国12-17岁的青少年中,有87%使用互

---

① Genevieve Johnson.(2006). Internet Use and Cognitive Development: a theoretical frameworkt[J]. E-Learning, 2006,3(4):565-573.

联网,这意味着全美国有超过2100万青少年使用互联网,而在2000年仅有1700万;美国青少年使用互联网的次数越来越频繁,51%的青少年互联网用户表示他们每日都会上网,比2000年的统计结果增长了42%;同时,每天都有超过1100万青少年使用互联网,而2000年仅为700万。

在教育部基础教育资源中心(王珠珠等,2006)2006年9月发布的一份关于国内东、中部地区中小学校互联网应用的研究报告中指出,参加调查的2万余名中小学生中,平均71.9%的学生家庭已拥有计算机,其中东部地区已达到82.1%,中部地区为61.6%;在拥有计算机的学生家庭中,东部和中部平均超过一半的家庭计算机(54.0%)都已联网;东部和中部平均超过三分之一(35.6%)的学生在家里"每天使用"或"经常使用"计算机。赵国栋等人(2006)2006年调查了北京市近2000名6—18岁的中小学生,结果显示,平均家庭计算机拥有率已达到83.1%;在拥有计算机的学生家庭中,目前已有82.5%的计算机能够上网。

中国互联网络信息中心(China Internet Network Information Center,简称CNNIC)将6—24岁人群称为青少年群体,至2007年7月中国的青少年学生网民数已经达到5800万人,占总网民比例的1/3(35.8%),占青少年网民的70%。5800万网民的结构特点非常突出(见图1-4)。

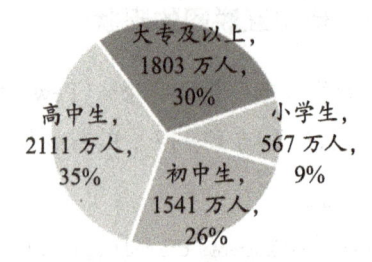

图1-4 各类青少年学生网民规模及比例

可见,规模最大的是高中生网民,有2000万人;其次是大专及以上青少年学生网民,有1800万;初中和小学生共同构成了其他的2000万网民。这些青少年学生网民中大多居住在城镇,接近3/4的青少年学生网民都集中在城市,农村仅有1/4强(28.3%),约1600万人。

1.2.1.1 青少年使用互联网的时间

美国人2006年平均每周上网8.9小时,比2005年多一小时;而2004年最高,是12.5小时[1]。在美国,初中生和高中生使用互联网的情况有所不同。接入计算机的高中生使用互联网更加频繁:53%每天至少一次,36%不太经常但是至少每周一次,只有11%少于每周一次。初中生是不太频繁的上网者,27%每天至少一次。而在高中,几乎所有的学生(91%)为完成学校作业而使用互联网[2]。

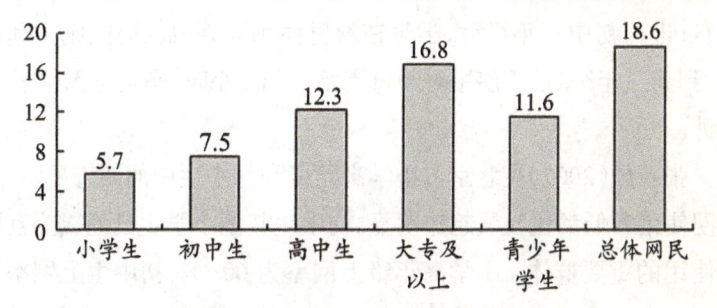

类别	小时数
小学生	5.7
初中生	7.5
高中生	12.3
大专及以上	16.8
青少年学生	11.6
总体网民	18.6

图1-5 各类学生的每周上网小时数

在我国,13-16岁是青少年学生上网的重要时期。根据CNNIC的第20次中国互联网络发展状况统计报告,在这一时期开始接触

---

[1] Center for the Digital Future. Online World As Important to Internet Users as Real World? 2007 Digital Future Report [DB/OL]. Los Angeles: USC Annenberg School, 2004 [2007-9-25]. http://www.digitalcenter.org/pages/current_report.asp? intGlobalId=19.

[2] Basmat Parsad, Jennifer Jones, Westat Bernard Greene. Internet Access in U.S. Public Schools and Classrooms: 1994-2003 [R/OL], National Center for Education Statistics, February 2005[2007-9-25]. http://nces.ed.gov/pubsearch.

互联网的学生比例占到几乎一半(47.5%),这一时期正是大部分学生的初中阶段和高中早期阶段。总体来说,青少年学生上网小时数低于总体网民每周18.6小时的时长,为11.6小时(见图1-5)。

2006年9月,教育部(王珠珠等,2006)对国内东、中部地区调查显示,超过一半的学生(53.4%)每周在家里使用计算机的时间为1-4小时之间。赵国栋(2006)对北京市中小学生的调查显示,近三分之一的北京中小学生每周在家里使用计算机的时间不超过1小时;超过三分之一的学生每周使用1-2小时;同时也有7.25%的学生每周使用计算机的时间为3-4小时。在整个小学阶段,学生在家里的计算机使用时间都在1小时-2小时之间。初中二年级是学生们在家里使用计算机时间最长的阶段,平均达到每周4.5小时左右;进入初中三年级后,学生在家里使用计算机的时间则不断减少,到高三年级时,其使用时间每周已不到3小时,平均每天少于30分钟。

张新风(2007)在北京市小学高年级和初中生中的调查显示,互联网使用者低龄化发展趋势明显,初中生甚至小学生已经成为互联网使用的重要群体。小学高年级上网率为60.3%,初中生上网率为84.1%;被试平均上网历史为2.54±1.71年,最长达8年以上;其中小学上网学生中网龄在5年以上者占17.0%,初中生网龄在5年以上者占上网总人数的23.4%。

1.2.1.2 青少年使用互联网的性别差异

人们对互联网使用的性别差异的研究始于"数字鸿沟(digital divide)"一说,即认为拥有计算机、能够上网的高 SES(socio-economic status,以下简称 SES)家庭比其他没有计算机、不能上网的家庭拥有更多的教育优势,同样认为女孩从计算机上的获益比男孩少,少数民族的受益比白人的少(Attewell,P & Battle. J,1999)。

在国外,早期的一些研究显示男女在使用互联网上性别差异显著,因为大量的关于青少年使用电子媒介,如非联网的电脑和电子游戏的文献都发现,男孩比女孩花更多的时间玩电子游戏,因此人们可能也会认为男孩上网的时间会比女孩多;即使一样多的话,也会认为男孩喜欢独自上网,玩暴力在线游戏,而女孩更愿意把时间花在社交上。Kraut等人(1998)在1995年至1998年的"家庭网络课题"(The Home Net Project)中调查发现,男孩比女孩花更多时间上网,而且男孩在各种网上活动(如使用电子邮箱、浏览网页等)都比女孩花的时间多。但当时互联网的发展还没有那么迅速,技术还没有那么先进,当时人们只能通过 MUD(multi user domain,一种虚拟的互动角色扮演游戏)或聊天室与人交流。从1998年起,即时通信风靡美国,人们可以通过AOL或ICQ与熟悉的朋友在线聊天,网络使用的性别差异可能又有所变化。

美国近期的研究又发现,这种性别差异消失了。Gross(2004)通过对261名七年级和十年级的美国学生的调查发现,男孩和女孩在网上的活动没什么区别,大都是发 E-MAIL、和熟悉的朋友即时聊天、谈论一些亲密的话题等。

但是性别差异的问题在各个国家似乎表现不同。美国加州大学洛杉矶分校(UCLA)传播政策研究中心发起的《全球互联网项目》(World Internet Project)2004年的报告指出,男性与女性在使用互联网的比例上平均相差8%,其中意大利最多,是20.2%(男性41.7%,女性21.5%);台湾最小,为1.6%(男性25.1%,女性23.5%)。中国 CNNIC的最新调查也发现,中国网民中女性比重正逐步上升,网民中男女比例差距逐渐缩小。截至2007年12月,网民中女性比重为42.8%,男性为57.2%。与网民性别结构相对应,中国不同性别互联网普及率差距较小。女性互联网普及率为14.1%,仅比男性互联网普及率低 3.6 个百分点。但与国外相比,中国无论是男性还是女性的互联网普及率均不高。但这两项大规模的调查都没有公布青少年网民的性别差异的数据。

Chou 和 Tasi(2007)在调查了 535 名台湾高中学生后发现,男生比女生花更多时间玩计算机游戏(包括网络游戏),玩游戏的动机也更强;男生和女生在玩游戏的类型和频率上也有差异;但男生和女生都认为玩游戏可以帮助他们交朋友。Li 和 Kirkup(2007)在一项中国与英国的跨文化研究中发现,220 名中国大学生和 245 名英国大学生在互联网经验、态度、使用、自信上面有显著差异;两国学生在互联网使用上均有性别差异,男生更愿意使用 E-MAIL 和聊天室,他们对计算机技能更自信,而且更承认计算机是一种男性的活动;其中英国学生的性别差异高于中国。赵国栋(2006)对北京市中小学生的调查显示,在家里使用计算机时,男生使用的频率和时间都要高于女生,在平均每周在家里使用计算机和网络的时间上,男生平均每周为 3.05 小时,而女生则为 2.55 小时。张新风(2007)对北京市 755 名小学高年级和初中生中的调查也显示,男生上网比例为 74.2%,女生上网比例为 68.5%,两者差异显著;男生平均每次上网时间上也显著高于女生。可见,在我国青少年中,互联网使用的性别差异可能仍然存在。

1.2.1.3 青少年使用互联网的内容分类

用户在使用互联网时由于动机和需要不同,他们经常使用的网络服务或功能的内容也有所不同,如有人是为了搜索新闻、有人则是要玩网络游戏、下载软件等。但是不同的研究者对互联网使用内容有不同的分类。

Hamburger 和 Ben-Artzi(2000)用因素分析的方法得出互联网服务的三个因素:社交服务、信息服务和娱乐服务。其中社交服务包括:聊天、讨论组、查询别人的地址;信息服务包括:与工作相关的信息、与学习相关的信息;娱乐服务包括:性网站浏览、随机冲浪等。Kaynar 和 Hamburge(2007)年的研究又将互联网服务重新分类为:社会服务、职业服务和休闲服务三个内容。其中社会服务是指获取信息及与他人交流,如与朋友在线聊天或获取一些一般信息等 8 个条目;职业服务是指为工作目的使用 E-MAIL、即时聊天以及在线购物等 5 个条目;休闲服务则是指人们在闲暇时做的事,如下载音乐以及使用网上银行等 3 个项目。不过,他们的被试都是成年人。

Swichert 等人(2002)通过对大学生的研究将互联网使用偏好分为三类:技术的使用、信息交换和休闲。其中技术的使用包括使用 BBS、聊天室、创建网页和多用户游戏等;信息交换包括发 E-MAIL 和获取信息;休闲则包括即时聊天和玩游戏。Hills 和 Argyle (2003)的研究则将互联网服务分为四个因素:工作、娱乐、社交、在家庭中的使用。其中工作因素是指与工作相关的所有活动;娱乐因素指的是:聊天、在线游戏;社交因素:发生在学校或学术交流中的社交活动,非工作场合的,如给朋友发电子邮件、查询一般的信息及学习资料等;在家庭中的使用是在家庭中使用网络,如网上银行、网上购物、成人网站浏览等。

卜卫,郭良等(2002)2000 年度的研究通过因素分析将青少年用户的上网目的大致分为四类:实用目的、娱乐目的、网络技术使用目的和信息寻求目的。实用目的包括:参与网站组织的活动、制作和维护个人主页、在 BBS 上发表自己的意见,处理个人事物、学习功课或上网校等。娱乐目的包括:聊天、交友、娱乐(听 MP3 音乐或看网络小说等)、网络游戏等。网络技术使用目的包括:下载图片、声像资料或游戏等,玩网络游戏,下载工具或杀毒软件、学习电脑知识等。信息寻求目的包括:查阅有关知识的信息,查阅有关个人爱好的信息以及阅读新闻等。其中,青少年用户的信息寻求目的和网络技术使用目的的平均使用频度最高,其次是娱乐目的,而实用目的的平均使用频度最低。

我国学者李秀敏(2004)编制了大学生互联网内容偏好问卷,共20道题,5级记分,析出了四个因素,分别是信息类的内容(例如万维网浏览、信息检索、网上咨询等)、技术类的内容(包括下载软件、制作网页等)、休闲娱乐性内容(包括收发电子邮件、打牌、下棋等)和刺激性内容(包括玩刺激惊险的游戏、浏览色情网站、有关性的内容等)。

雷雳、柳铭心(2004)根据中国互联网网络信息中心(CNNIC) 2004年7月发布的《第十四次中国互联网络发展状况统计报告》中"用户经常使用的网络服务/功能"的内容,删除了其中不适合中学生的选项后,编制了"青少年互联网服务使用偏好问卷",由17个项目组成,5点记分,最后析出四个因子,分别是"信息"、"交易"、"娱乐"、"社交"。后来杨洋、雷雳(2006)在此基础上加入了CNNIC2006年1月发布的新的互联网服务项目,最后由22个项目组成,5级记分,仍分"互联网社交类服务",包括网络聊天、论坛/BBS/讨论组等;"互联网娱乐类服务",包括网络游戏、浏览网页(非新闻类)、在线音乐(含下载)等;"互联网信息类服务",包括电子信箱、浏览新闻、搜索引擎等;"互联网交易类服务",包括网上购物、网络电话、短信息服务/彩信等。

Nævdal(2007)对挪威656名15-16岁的青少年的调查显示,计算机和互联网使用分类有三个因子,一是娱乐与技术,如玩、网上冲浪和实验;二是交流,如发 E-MAIL 和聊天;三是信息搜索与文字处理。

CNNIC2007年7月的调查认为,互联网功能主要有四个方面:

信息渠道、沟通、娱乐和生活助手功能。信息渠道的应用主要有网络新闻和搜索引擎,新兴工具有博客;起到沟通工具作用的网络应用主要有电子邮件和即时通信;发挥典型娱乐工具的网络应用有:网络音乐、网络影视和网络游戏;能反映互联网生活帮手的应用主要有:网上求职、网上教育、网上购物、网上旅行预订、网上银行和网上炒股等。对青少年学生网民(CNNIC 所指青少年学生网民群体为 25 岁以下的学生群体)来说,互联网所扮演的各种角色的应用程度排序为:娱乐工具>沟通工具>信息渠道>生活助手。他们对互联网娱乐功能的使用超过对任何一种其他功能,就连信息渠道功能也在其之后。但是其所指 25 岁以下的学生实际上包括了大多数的大学生,甚至一部分研究生,由于小学生、中学生和大学生以上的不同群体心理发展水平有相当大的差异,所以他们对互联网使用内容的偏好应该有一定的差别。

表 1-1 是国内外学者对互联网使用功能或内容的分类,从中可以看出,大家均认为互联网使用偏好是多维结构的,但由于研究的对象和研究的目的以及文化背景不同,对维度的划分有些差别。但无论是国内还是国外学者,在青少年互联网使用偏好的分类中共同的类别有娱乐、信息和交流三种,国外学者 Nævdal 单独将文字处理作为一类,因为他的研究是家庭电脑的使用,包括单独使用电脑和使用互联网。另外他将技术与娱乐合并在一起,而我国学者卜卫、郭良等将技术使用单独作为一类,雷雳、柳铭心则没有提出技术这一类,而是将交易作为单独的类别,这一类别与 CNNIC 的生活助手类似。技术类使用,一般是为交流、娱乐或其他使用服务的,可以不用单独作为一类。而网络使用中的交易或生活助手的功能,对于年龄较小的青少年来讲(如 9-14 岁),可能使用的情况并不多。国外由于互联网发展比较快,网上交易如购物、银行服务、预订机票酒

店等比较普遍,但是我国在 2007 年的时候使用网上交易不是很普遍和方便,机制也不是很健全,很多成人都没有使用网络进行购物和交易的习惯,所以中小学生一般也很少使用这种功能。CNNIC 的 2007 年 7 月的报告也显示,25 岁以下的学生使用网上购物只有 8.9%;使用网络销售的只有 2.4%;网上旅行预订更少,是 1.0%;使用网上银行的有 7.7%。因此我们认为,年龄较小的青少年使用这些功能的情况会更少,他们的互联网使用偏好可能主要是娱乐、信息和交流三个维度。

表 1-1　国内外学者对互联网使用功能或内容的分类

年份	学者	研究对象	分类
2000	Hamburger 和 Ben-Artzi	成人	社交服务、信息服务和娱乐服务
2002	Swichert, et al.	大学生	技术的使用、信息交换和休闲
2003	Hills 和 Argyle	成人	工作、娱乐、社交、在家庭中的使用
2007	Kaynar 和 Hamburge	成人	社会服务、职业服务和休闲服务
2007	Nævdal	青少年	娱乐与技术、交流、信息搜索与文字处理
2000	卜卫、郭良等	青少年	实用目的、娱乐目的、网络技术使用目的和信息寻求目的
2004	李秀敏	大学生	信息类、技术类、休闲娱乐类、刺激类
2004	雷雳、柳铭心	青少年	信息、交易、娱乐、社交
2007	CNNIC	青少年网民	信息渠道、沟通、娱乐和生活助手

1.2.1.4 父母与青少年互联网使用

在国外,父母普遍认为电脑是一种教育资源,Turow 做过一个调查显示,70%的家里有电脑的父母认为孩子能从电脑中学到有吸引力的和有用的东西,60%的父母说孩子如果不能上网会比那些能上网的同龄人要处于劣势。但是也有些家长说他们虽然很赞同互联网是一种新的教育资源,但同时又会担心它影响学习(如孩子只喜欢读网上的短小文章而不愿意阅读书籍了),还担心网上信息的可信度[①]。

Giacquinta,et al(1993)指出,父母在孩子使用计算机的教育功能上起着关键作用,如果没有父母帮他们选择合适的教育软件,帮助他们使用计算机,陪伴他们并鼓励他们,大部分孩子就去玩计算机游戏了[②]。他们认为,技术自己不能起到教育的功能,只有有益的社会环境才能使学习发生。Attewell 和 Battle(1999)的研究发现,家庭计算机与提高阅读分数和数学成绩有关,特别是高 SES 的家庭受益更多。他指出,文化程度高的父母能更好地为孩子利用家庭计算机学习提供一个好的环境,能更好地帮助他们;这种模式与高 SES 的父母更能指导学生的家庭作业类似。他(Attewell & Battle,2003)发现,孩子使用计算机几乎没有大人陪伴,都是独自行动的;他们主要使用计算机在玩游戏,孩子每周平均有 3 小时在玩游戏,而只有半小时花在教育活动上,因此父母的陪伴和指导很重要。

---

① 转引自 Subrahmanyam, K., Greenfield, P., Kraut, R. Gross, E. The Impact of Computer use on children's and adolescents' development[J]. Applied Development Psychology, 2001(22):7-30.

② 转引自 Attewell, P., & Battle, J. Home computers and school performance[J]. Information Society, 1999,15(1):1-10.

卜卫、郭良等(2002)的调查发现,在695个用户中,父亲文化程度初中及以下的占12.9%,高中及中专占40.3%,大专占18.1%,大学占28.6%。卡方检验说明,父亲文化程度越高,其子女使用网络的比例越高,其差异显著(Sig=.000)。在692个用户中,母亲文化程度初中及以下的占12.0%,高中及中专占46.2%,大专占20.4%,大学占21.4%。卡方检验说明,母亲文化程度越高,其子女使用网络的比例越高,其差异显著(Sig=.000)。由于父母对未成年子女拥有监护权,大多数父母通过不同方式管理或限制青少年使用网络,完全不限制的父母只占8.4%。其限制方法主要包括:青少年用户使用互联网必须事先得到父母允许,占用户的41.7%;父母限制网络使用的时间,占用户的38.8%;父母在场才能上网,为10.3%;父母使用监控软件,3.0%。也有9.4%的青少年用户说"家长不知道我上网"。

赵国栋(2007)的调查发现,北京市超过一半的学生家长(57.5%)对子女在家里使用计算机和上网持反对的态度;同时,也有近三分之一(29.9%)的家长持不干涉的态度;而持赞同态度的家长仅占12.7%;在小学和初中阶段,家长对子女在家里使用计算机的态度基本上处于"比较反对"与"不干涉"两者之间,而且发展趋势是向不干涉的方向。但是,当学生上高中之后,家长的态度又开始向"比较反对"的趋势发展,这可能与高中阶段学习比较紧张有一定关系。

可见,家庭的社会经济地位、父母的文化程度与孩子使用电脑和互联网有着重要的关系,不仅关系到孩子是否有条件使用电脑和互联网,还关系到孩子怎样使用电脑和互联网,即使用电脑和互联网的时间和内容。

1.2.2 互联网使用与青少年认知发展

国内外关于互联网使用与青少年认知发展的研究主要涉及的

领域有青少年认知技能、概念发展、认知能力(包括逻辑思维能力、类同与反省思维能力、推理能力、阅读能力等)以及批判性思维能力等方面。虽然研究的领域比较广泛,但并没有公认的结论,计算机与互联网使用对青少年认知发展的影响如何,仍然有很多未知数。

1.2.2.1 互联网使用与青少年认知技能发展

由于青少年上网是需要使用计算机与网络连接的,因此互联网对青少年认知技能发展的影响包括青少年使用计算机玩电子游戏对其认知技能的影响及青少年使用计算机玩网络游戏对其认知技能的影响两个方面。

1.2.2.1.1 电子游戏与青少年认知技能发展

电子游戏常常是图形、声音、文字和三维画面的结合,要求游戏者先对一系列信息符号进行解码,然后快速做出决定完成任务;在操作的过程中,需要青少年具备一定的空间表征、图像技能、视觉注意等认知技能,其中不同的游戏可能需要运用不同的特定认知技能,因此会对青少年相应的认知技能有所促进(Subrahmanyam,Greenfield,Kraut,Gross,2001)。

Subrahmanyam 和 Greenfield 在对 10 岁半和 11 岁半的儿童研究中发现,玩一种叫做 *Marble Madness* 的计算机游戏比另一种计算机化的文字游戏更能稳定地提高空间成绩(如预测目标,推测空间路径等)。另一项在罗马和旧金山进行的跨文化研究中,Greenfield 和 Camaioni 等学者发现,玩计算机游戏可以促使被试的表述风格从言语向图像转换,即被试在他们的表达中更多地使用图表和图像。Greenfield 等学者还研究了大学生精通电子游戏对视觉注意分配策略的影响,他们发现精通者比新手的反应更快,而且玩动作游戏也提高了在多个方位注意追踪多个事件的策略。还有学者(Lisi & Wolford)研究了心理旋转,发现儿童玩过与心理旋转有关的电子游戏后,同玩过与心理旋转无关的电子游戏的儿童相比,心理旋转能力提高了[①]。

原则上,认知技能通过计算机游戏得到提高还有个前提条件是儿童达到相应的成熟水平,但是只有 McClurg 和 Chaille 做过比较年龄影响的研究,他们发现五、七、九年级的学生在计算机游戏对认知技能的影响上没有差别。Okagaki 和 Frensch 研究发现男性在玩了一种名为 Tetris 的计算机游戏后空间视觉技能得到提高。通过 Tetris 计算机游戏所发展的空间视觉技能与韦克斯勒智力测验的物体类分测验中对成人和儿童所测的技能相似。但是并不是每一款游戏都对所有的认知技能有影响,只有一款游戏需要某种特定的技能,才会对相应的认知技能有影响。由于现有的研究都是现场实验,即被试玩过电脑游戏后立即施测,所以,玩计算机游戏对青少年认知技能的长期影响以及是否有年龄差别还需要进行更多的追踪研究。此外,玩计算机游戏是否对人的操作智商有影响也需要进一步研究。

1.2.2.1.2 网络游戏与青少年认知技能发展

青少年常玩的网络游戏是 MUD(multiuser domain),但这样的游戏可能会使青少年难以区分现实生活与虚拟生活,即影响青少年的现实知觉(perception of reality)。一个 13 岁的孩子说,在 SimLife 游戏中,"你得改变植物和动物的种类。你得保持生态平衡。你是很重要的一部分。"另一方面,Turkle 发现有些儿童甚至青少年都很难理解现实生活与虚拟生活的界限。例如,一名 10 岁的孩子认为在 SimLife 中的一些生物是"一些活在游戏中的",如果你关掉路由

[①] 转引自张国华,雷雳.儿童青少年使用电脑对其认知技能发展的影响[J].教育科学研究,2007(2):57-60.

器,他们就走了,但如果路由器还在,那些生物就会从你的计算机跑掉去"美国在线"。一个15岁的孩子还说,游戏就是"你可以得到那些活在计算机里的东西",就好像"我们从太阳获得能量,计算机里的有机体从墙里的光缆中获得能量。"

还有目前在青少年中流行的养"虚拟宠物"(virtual pets),实际上也是一种互动的网络游戏,宠物需要"主人"细心的照料,要经常给它喂食、洗澡、陪它玩,送它上学、旅游,给它看病,不要让它"死掉"。养宠物也需要特定的认知技能,例如,孩子们需要掌握屏幕上代表不同意义和功能的图像符号,以促进计算机世界的认知社会化。宠物发出的声音使儿童对相应的信号做出社会化的反应,就好像成人对手机、声音邮件做出的反应一样。而且和电子游戏不同的是,儿童常常认为宠物是"真的",这是因为宠物需要不断地注意才能生存,遭到忽视就会"死去",所以儿童无论到哪都必须坚持玩这个游戏。因此有些父母用宠物来训练怎样照顾真的动物。关于养宠物对青少年的心理影响还需要进一步的更加系统地研究。

1.2.2.2 互联网使用与青少年认知过程发展

1.2.2.2.1 互联网使用与儿童、青少年概念发展

互联网不仅是一种工具,同时也是一个需要认识的新事物,它仅仅在人类生活中出现了几十年而已,而传统的概念,如"重量"等,已经有十分久远的历史了。互联网是一个同时具有技术性质和社会性质的复杂的综合体,它具有人工合成制造(如计算机屏幕和键盘)、社会性(如与人交流)、类似心理的系统(如不可见的虚拟性质)三种特性。儿童、青少年是如何理解互联网这一新出现的而且高度复杂的特殊概念的,这引起了心理学家的兴趣。

Luckin,Rimmer和Lloyd通过让儿童画画来描述他们对互联网的理解,发现21名9岁的儿童在有过一年的互联网使用经历之后

他们对此的理解并没有提高[1]。Denham 比较了 285 名 9-10 岁、10-11 岁、11-12 岁三个年龄组的儿童对计算机理解的心理模型,发现年长儿童倾向于把计算机理解为一种由许多部分通过多种途径连接起来的系统,而年幼儿童倾向于将其理解为一种没有多少连接和多少部分的系统。美国纽约州立大学阿尔巴利分校的严正(Zheng, Y., 2006)在前人的基础上做了两项研究。首先,他比较了 5-8 岁、9-10 岁、11-12 岁和成年人四个年龄组对互联网的技术性质和社会性质的不同理解,发现除了 9-10 岁和 11-12 岁年龄组对互联网的技术性质和社会性质的理解都有显著差别外,其他年龄组的理解没有显著差别;其中年龄比在线经历对互联网的技术性质的理解更有预测性,而且年龄是互联网的社会性质的理解的唯一显著预测因素。在他的第二项研究中,他通过对 322 名中小学生的调查,着重检验了在互联网的技术性质和社会性质的理解的影响上使用者的年龄和性别的差异以及互联网使用的持续时间、频率、非正式互联网课程对互联网的技术性质和社会性质的理解的影响,结果发现,年龄在互联网的技术性质和社会性质的理解上有显著差异;互联网使用的频率和非正式互联网课程对互联网的社会性质的理解有小而显著的影响,但对其技术性质的理解没有影响;互联网的技术性质的理解对互联网的社会性质的理解有单向的影响。严正的研究具有重要的意义,他使得人们对互联网的关注不仅集中在它是一个学习工具和社会媒介上,而且还发现互联网本身也是一个刺激物,对儿童和青少年的心理发展产生一定影响。他认为互联网这种新概念具有以下 4 种特点:①有大量的直接经验但主要是个人直接

---

[1] 转引自 Zheng, Y. What Influences Children's and Adolescents' Understanding of the Complexity of the Internet?[J]. Development Psychology, 2006, 42(3):418-428.

探索;②有可用的教育机会但是无效率;③有社会支架(如媒体曝光、家庭支持)但不理想;④概念很重要,但太新了,以至于没有支持或相应的基础知识。对于这样的新概念儿童还是更多地依赖年龄的增长来逐渐获得它。另外,了解儿童对互联网不同特性的理解,可以引导儿童、青少年积极地利用互联网,而且可以为制定保护不同年龄的儿童青少年上网的相应政策、法律提供一定的参考。但究竟互联网使用的持续时间和频率是对儿童、青少年理解互联网的技术性质有影响,还是对他们理解互联网的社会性质有影响;非正式的互联网教育怎样影响儿童以及青少年对互联网的理解还需要进一步深入地研究。

1.2.2.2.2 互联网使用与儿童、青少年思维发展

(1)理论研究

在互联网与思维发展的关系上,比较有影响力的观点是 Granic 和 Lamey(2000)提出的互联网的自组织性可能导致使用者的思维模式发生五个方面的变化:①从本质主义的思维模式向透视主义的思维模式转变(即思维更加多样性和主观化);②情景化的批判性思维的发展;③表征网络自我的元认知出现;④认知的灵活性增大;⑤效能感的发展。他们认为,由于互联网的使用,现代人的线形思维模式可能会转变为后现代的非线性思维模式(透视主义、多角度和去中心化),这种转变可能类似于在中学阶段由于学习了大量的知识而导致的认知过程出现的大量变化,如抽象思维的发展、普遍真理的学习。

牟艳娜(2001)认为 e-learning 是基于网络开展学习与教育活动的一种学习方式,她通过研究分析儿童思维发展的理论,如皮亚杰、加德纳、朱智贤、林崇德以及何克抗的理论,指出 e-learning 可以促进逻辑思维、形象思维和直觉思维的全面发展;有利于促进发散思

维、元认知的发展;有利于促进学习动机的发展;还可以促进儿童思维的跨越式发展。因此 e-learning 能够应对信息社会对教育提出的全新挑战,给教育带来新的契机。虽然目前人们对 e-learning 还有些顾虑,但 e-learning 与传统教育的融合必然成为我国教育改革的大势所趋[1]。

邓文新(2002)提出,网络教育有以下一些突出的特点可以培养学生的学习能力:①网络教育突破了时空的限制,实现随时随地学习;②网络教育可提供共享的、高效的、多样化的教学内容资源;③学习者自主选择学习内容,实现个性化学习;④师生和生生之间有更多的交互与反馈;⑤学生自尊心受到较好的保护,自信心得以增强;⑥能有效解决知识时效性和快速检索的问题;⑦网络创造了一个学习的虚拟世界。在网络教育环境下,学习者自身的改变、校园文化和网络化学习的意识,以及人文关怀的缺失和技术的负面影响都会影响学生的学习能力。通过网上学习还可以培养学生其他方面的相关能力,这些能力与学习能力相辅相承,使学生这一角色在网络教育中发挥得更好,如创造性能力、元知识和元学习能力、3T能力、学习效率观念、学习者多元能力等。但是据调查,目前我国学生的网络学习意识还处在初级阶段,在他们的意识中互联网还仅仅是一种休闲娱乐的工具,其网络化学习的意识远不如美国学生[2]。法国学者Lubart(2005)则从以下四个方面分析了计算机(包括网络使用)对人类创造性活动的贡献:①提高对创造性活动的管理;②促进个体之间在创造性课题之间的交流合作;③增加使用创造性活动的技巧;④通过整合人机合作提高思想产品的创造性。他认为计算

---

[1] 牟艳娜.E-learning 与学生的思维发展[D].济南:山东师范大学传播学院,2001.
[2] 邓文新.网络教育环境下学生学习能力的培养[J].电化教育研究,2002(8):48-50.

机同时扮演了保姆、笔友、教练和同事四种不同的角色,为人们的创造性活动提供帮助。

但也有人(郑晓齐等,2002)提出,非线形思维有可能使其原有的线性组织变得更为松散,分叉剧增,内部的或局部的逻辑关系变得更为错综复杂。而在多分叉结构的环境下,学习者发现新问题的可能性不断增大,这样虽然有利于批判性思维的发展,另一方面也可能使得认知目标的逻辑一致性难以保持,使认知活动难以收敛,或者发生认知目标的快速多角度的转变,导致认知的稳定性遭到破坏,如产生网络迷航的现象等。还有,由于电脑技术的提高,"虚拟现实"等相关科学的应用得到发展,一方面它可能提高用户的想象力和空间能力,另一方面又减少了用户直接经验客观世界的机会,使得间接体验成为人类更为重要的认知渠道。这样有可能割裂了互联网与现实物理空间的联系,不仅影响到前面所说的青少年现实知觉,而且可能抑制青少年逻辑思维能力的发展。

可见,国内外学者关于互联网对青少年思维发展意见不一,有人认为计算机和互联网使用可以促进元认知、创造性思维和批判性思维发展,有人认为会抑制逻辑思维发展。

(2)实证研究

关于计算机使用对儿童认知过程的影响,国外有相当多的教学实验研究,由于儿童、青少年上网是需要使用计算机与网络连接的,因此可以有所借鉴。有数项研究发现,儿童在成人的帮助下使用计算机可以提高认知过程的能力,如抽象推理、逻辑思维、类同及反省思维(Clements,et al.,1993; Klein & Nir-Gal,1992; Miller & Emihovich, 1986; Nir-Gal,1996; Shani,1986)。心理学家 Klein 等人在 2000 年做了儿童使用电脑对其认知分数与行为的影响的教育实验研究。他们认为,儿童在教师的指导(mediation)下使用计算机可以提高认知能力,如抽象推理、逻辑思维、类推及反省思维(reflective thinking)等。有 30 家幼儿园共 150 名 5-6 岁的幼儿参加了他们的实验研究,国家教育委员会为这些幼儿园提供电脑,电脑就放在教室的角落里并打开着,只要儿童愿意,随时可以单独使用或小组一起用。所有儿童每周可以单独使用电脑 3 次,每次 25 分钟左右。这些幼儿园被随机分成 6 组,接受 6 种不同的教育实验,即 3 种不同的指导方式(指导、陪同、不帮助)和 2 种电脑程序(LOGO 教育软件和游戏软件)的分别组合。所有参加实验的幼儿教师之前都接受了相关的培训。通过儿童的一系列认知测验的前后测方差分析(ANOVA)发现,当成人接受了如何在计算机环境下指导儿童的训练之后,成人与儿童的互动可以显著提高儿童的抽象思维能力、计划能力、词汇能力、眼手协调能力(visuo-motor coordination)和反应能力(measures of responsiveness)包括反省思维(reflective thinking)的能力。虽然该实验只有三种成人指导行为的比较,只有一种 LOGO 教育软件,而且儿童仅接受了 17 周的训练,实验结果也只反映了即时的效果,长期的效果并不可知,但是此实验研究还是为我们进一步探索计算机、互联网使用与儿童思维发展的关系提供了新的思路和新的证据。意大利学者 Bottino,Ferlino,Ott 和 Tavella(2007)研究了小学生玩益智性计算机游戏与他们的认知发展的关系。他们在小学二年级的学生中,选取了以前没有玩过或很少玩电脑游戏的学生进行教学实验。每周他们可以在学校的实验室里玩一小时指定的几种益智性计算机游戏,研究者和老师陪同。老师根据自己的判断把这些学生分成成绩高中低三组,然后为不同能力组提供不同难度水平的游戏,以便照顾到学生的不同潜力以及那些比较差的学生的需要。这个实验还没有结束,研究者在第三年(学生上四年级)的时候提取了部分数据,即学生在意大利教育部举行的全国测验中的成绩(包括语言、科学、数学等,其中数学包括逻辑推理的项目)。通过对比发现,两个实验班的数学平均成绩比对照班要好,他们初步推断长期玩益智性计算机游戏应该会对学生的推理能力有积极的影响。

在一项家庭电脑使用(包括互联网)对 1680 名 4—13 岁儿童认知发展影响的研究中(Attewell, et al., 2003),研究者对 5 岁以下的被试测量其字词再认和数字推理测验,6 岁及以上的儿童另外再完成文章理解和数学两个分测验。结果发现,适当使用电脑(每周使用电脑 8 小时以下)的儿童的字词、阅读理解和计算成绩的平均水平都高于没有家庭电脑的儿童,但每周使用电脑超过 8 小时的孩子并没有这些优势。

在互联网对批判性思维发展的影响方面,有台湾学者(Yang & Huang, 2007)研究了互联网与历史学科的批判性思维的关系。在 33 名高中生历史课外活动的学习中,为他们提供历史学习的网络资源,并通过整合 Richard Paul 的学习模型,教给学习者批判性思维方式。最后,通过对问卷调查、自我评估和半结构访谈结果的内容分析,发现学生的历史学科的批判性思维能力有不同程度的提高;同时,学生发展了对历史学习的积极的和批判性的态度。当然,这个研究是只是一个准教育实验,学生在参与了互联网技术条件下的历史教育活动后,他们关于历史学科的批判性思维能力才得到了提高。但是,青少年在自发的、不同类型的非正式的互联网使用情况下,批判性思维能力是否能得到提高,还需要进一步检验。

在网络环境中,用户为了提高打字速度或更加形象地表达自己的情感,逐渐形成了一套独特的网络语言,它比书面语言更简捷,同时其中一些数字或图形被赋予了特殊的意义。例如"886"指"再见了","酱紫"是"这样子","坐沙发"指第一个看到新贴。这种语言除了词汇的变化之外,在语言的其他要素如句法结构、编码、转换关系、应答策略等等上面也发生了全面的、显著的变化,以至于不经常上网的人都无法看懂。这种新的语言的出现可能会给网络环境中的青少年的思维发展带来新的变化,因为语言是思维的工具。李宏利(2004)等学者提出,这种语言有可能成为青少年思维发展的新工具,并对青少年的思维敏捷性和反应能力有潜在影响。这种说法也需要得到进一步检验。

1.2.3 计算机、互联网使用与青少年学业成绩

计算机、互联网使用对青少年学业成绩的影响一直是教育学家和心理学家关注的重点,自从20世纪70年代计算机开始应用于教学中以来,即开始了对计算机的应用效果的理论分析、实证研究以及相关的元分析;近年来,随着网络的迅速发展,人们又开始认识到网络对青少年学习的重要影响,并开展了不少相关的研究。

1.2.3.1 早期关于计算机辅助教学对学业成绩影响的研究

在20世纪80年代后期形成了两种对立的观点:一派以Kulik为代表的"媒体归因论"认为,计算机辅助教学的重要学习结果可以直接归因于计算机的作用(Kulik, Kulik, & Bangert-Drowns, 1985; Kulik, Kulik, & Schwaib, 1986; Kulik, Kulik, 1991)。首先,他通过对175篇研究论文的元分析表明,计算机辅助教学比传统教学在成绩测验上高出0.29个标准差,这说明计算机辅助教学比传统教学更能提高学习者的学习成绩。其次,他发现计算机辅助教学并非对所有使用者或所有年级都有同样的效果,在小学的效果要好些;对差生的效果要明显;而对高级技能的学习,成功率较低;集中短期实验效果也要好于自然教学周期的时间。他还发现,使用计算机进行的学习大多节省71%的时间,可以有效地提高学习效率。但是另外一些专家,如Clark(Clark, 1983; Clark, 1989)则持反对意见。他认为

导致认知结果的因素不是所使用的媒体,而是教学信息的质量和教学设计方法,媒体效应无法与方法效应分开。他认为计算机只是提供教学的载体,本身并不能提高学习者的成绩,实际上是应用计算机的教学方法对学习成绩产生了影响,而不是计算机本身。

Rochelle 和他的同事(2000)也回顾了有关计算机辅助教学与学习成绩的研究,其中还包括 5 个元分析的研究,都没有得到令人满意的结论。一项关于 500 多个研究的元分析研究发现从幼儿园到十二年级,计算机辅助教学应用对学习成绩有积极的作用;但是另外一些如模拟实验和丰富知识类的应用则对学习成绩的影响不显著。但是有一些研究发现计算机教学指导对数学和科学的作用比对其他学科要明显得多。他认为关于计算机使用对学习的影响研究结果不一致有以下三个原因:①不同学校的硬件和软件设施不一样,甚至连使用计算机的方式也大不一样,所以不能产生一致的结果;②对计算机技术的应用不是独立的,还要依靠其他方面的配合,如课程、评估及教师专业发展方面的改革等;③严格的纵向研究花费太高,而且很难开展,所以少有人做,因此不能分离出其他因素的影响。

1.2.3.2　近年来关于计算机、互联网使用与学业成绩关系的研究

1.2.3.2.1　家庭电脑的使用与学习成绩

Alfred Bork 在 19 世纪 80 年代就指出,家庭电脑可能成为未来教育体制的首要影响因素[①]。有人(Lauman,2000)认为,有家庭电脑的学生具有把所学的电脑技能带到学习情景中去的优势,这使得

---

① 转引自 Subrahmanyam, K., Greenfield, P., Kraut, R. Gross, E. The Impact of Home Computer use on children's Activities and Development[J]. The Future of Children, 2000,10(2):123–144.

他们与那些没有家庭电脑的孩子有所不同。尤其是有家庭电脑的学生发展了问题解决技能和有效使用电脑的能力,这包括使用文字处理、数据库、电子制表软件和多媒体程序以及有效地搜索、分析和综合来自互联网的信息的能力。使用家庭电脑的学生也需要一定的问题解决技能来发现并处理电脑硬件和软件问题以及在必要时有效地使用"菜单"来取得帮助。

Subrahmanyam 等(2000)在一篇综述中指出,有一些研究显示家庭电脑的使用能提高学生的学习成绩。例如,一项研究发现,在家中使用电脑软件的高中学生比其他学生的计算机素养的成绩要好。1995 年的一项纵向研究追踪了七年级的学生一直到十二年级,结果发现那些家里有电脑的学生比那些没有的学生所有的成绩都要好,特别是数学和英语。当然,家里有电脑的学生的家庭收入和教育程度可能会好一些;但是,就是在家里有电脑的学生中,使用电脑多的孩子的成绩也比使用得少的孩子的成绩要好:那些报告一年内使用电脑 10 小时以上(从事与课程无关的活动)的学生所有的成绩都比使用少的学生要好,特别是数学、英语和科学知识的测验成绩。

Attewell 和 Battle(1999)在美国的一项研究发现,家庭使用电脑与数学和阅读成绩有显著相关,在高 SES 群体中更显著;其中男孩比女孩更受益于家庭电脑的使用,少数民族受益最少。

Leino(2003)研究发现,使用计算机与学业成绩有正相关[①]。他认为这种关系与个体的文化水平有关。阅读和写作差的学生在很多科目上成绩也很差,而计算机使用也需要读写能力,所以他们

---

① 转引自 Nævdal, F. Home-PC usage and achievement in English[J]. Computers & Education, 2007(49): 1112–1121.

很少用电脑。经济合作与发展组织(OECD,the Organization for Economic Co-operation and Development,2006)的研究报告也指出,他们2003年组织的研究项目PISA(Programme for International Student Assessment)的结果显示,使用电脑经历很少的孩子比PISA2003项目的平均成绩要低很多,特别是数学成绩;那些家里有电脑的孩子的数学学习成绩远远高于家里没电脑的孩子。

1.2.3.2.2 互联网使用与学习成绩

与研究计算机辅助教学对学习成绩的影响一样,人们对互联网使用是否对学习成绩存在影响也颇有争论,一些研究表明互联网使用对学习成绩没有影响,但也有一些研究发现,互联网使用确实对学习成绩有影响。

在"未来课堂"(the Classroom of Tomorrow)和"亲密同伴"(the Buddy System Project)两项整合家庭、学校使用电脑的项目中发现,家校电脑课程可以提高教师与家长的联系,有助于提高学生的自尊心和学习动机;而且对多动症的学生和有其他学习障碍的学生有帮助。但后来的研究并没有发现学业成绩与参与该项目有显著相关[1]。Hunley(Hunley,S.A.,et al.,2005)等学者研究了十年级青少年使用家庭计算机和网络的时间与学习成绩的关系,结果发现计算机使用时间、网络使用时间与学生的GPA(grade point averages)分数无关。"中国青少年互联网使用状况及其影响的研究"课题组在2000年度的调查中,比较了青少年互联网用户和非互联网用户的学习成绩,也发现并没有差异。

---

[1] 转引自 Subrahmanyam, K., Greenfield, P., Kraut, R. Gross, E. The Impact of Computer use on children's and adolescents' development[J]. Applied Development Psychology, 2001(22): 7-30.

但是，加拿大的一项对15岁学生的研究指出（Bussière & Gluszynski,2004），青少年是否有电脑以及能否上网都不重要，重要的是如何使用电脑和互联网。他们研究发现，PISA的阅读分数与青少年在家中使用电脑或上网有积极的相关。高阅读分数不仅与经常在家中使用电脑和上网有关，也与少量的在学校使用电脑和玩游戏有关。Cole曾做过一项名为"第五纬度"（The Fifth Dimension）的课外活动研究，其中包括家庭电脑的使用，如使用教育软件、电脑游戏、互联网搜索、泥巴游戏（multiuser dungeons，一种角色扮演类游戏）等。结果发现学生的阅读、数学、电脑知识、听从指示、语法及学校学业成绩等都有所提高。虽然他的研究是课外进行的，但也表明设计好的游戏和互联网教育活动对学生的学业成绩有持续的影响[①]。

Jackson（2006）等学者设计了一项为期16个月的纵向研究，考查了140名（83%是非裔美国人）10–18岁的学生，结果发现在使用互联网6个月、1年及16个月后，那些经常上网的学生在阅读标准化测验和GPA的分数上比较少上网的学生高；而反过来，那些阅读标准化测验和GPA的分数高的学生并没有比分数低的学生更多地使用互联网；即互联网使用更能解释学业成绩的变化。由于他的被试非裔美国人在美国属于低收入家庭，而且这些孩子本来的学习成绩都在平均水平以下，样本的规模也很小，因此此项研究的代表性不够广泛。但是，由于Jackson的研究是可以记录被试使用互联网的准确时间，以及他们都进行了什么活动，他发现那些花更多时间上网的孩子也可能花更多的时间阅读，因为记录显示他们浏览的网

---

① 转引自 Subrahmanyam, K., Greenfield, P., Kraut, R. Gross, E. The Impact of Computer use on children's and adolescents' development[J]. Applied Development Psychology, 2001(22): 7–30.

页大都是文本形式,他们较少使用聊天和交流等功能,因此无论他们是查找与学校课程有关的信息还是搜索与个人爱好和兴趣有关的信息,他们上网搜索越多就阅读越多,阅读多就有可能提高他们的阅读标准化测验和 GPA 的分数(也更多依赖于阅读技巧)。而且此研究还发现互联网对学生的数学成绩没有影响,这说明互联网的网页对数学成绩没有贡献。可见,孩子在使用互联网时究竟从事了什么活动对学生的学习成绩的影响很关键,如果青少年从事的是与学习有关的活动如阅读、写作业等,可能会促进他们的阅读和学习成绩;但如果他们只是玩电子游戏、网络游戏,可能对阅读和学习成绩并没有帮助;甚至如果只玩一些暴力游戏和非益智性游戏,可能还会降低学习成绩。所以,仅仅比较青少年是否使用电脑或互联网,或仅仅只研究互联网使用时间与学习成绩的关系,是不能真正说明互联网使用与学习成绩的真正关系的。

Nævdal(2004)的研究发现,只有那些与学校学习活动有关的计算机活动,如搜索信息和做作业等能预测一般的学业成绩,而玩和聊天等活动则不能。Nævdal(2007)在另一项研究中调查了挪威 Bergen 的 656 名十年级(15—16 岁)的学生后发现,如果学生使用电脑主要是从事信息搜索和文字处理等与学校作业相关的活动,那么会对英语成绩有积极的影响;而玩乐、网上冲浪和聊天等活动与英语成绩没有关系。而且那些阅读能力很差的孩子比阅读成绩好的孩子更能从使用家庭电脑中获益。这充分说明,青少年在使用互联网时从事的活动内容是影响学习成绩与否的关键。

Nævdal(2007)还发现,在控制了性别、课程兴趣、阅读障碍和不同计算机活动后,仍然可以从学生使用家庭电脑行为(包括上网活动)的全部时间预测他们的英语成绩(第一外国语),女孩的成绩随使用时间增多而升高,男孩的使用时间与成绩之间并非线形关系,经常使用(每周使用时间多于5小时但少于14小时)的群体成绩最好;那些很少使用家庭电脑的孩子英语分数也比较低。可见,前人的有些研究可能把互联网使用时间与学习成绩看成简单的线性关系,所以认为二者没有相关。Attewell 和 Battle(2003)的研究也发现,适当使用电脑的孩子(每周使用时间在8小时以下)的认知分数比没有电脑的孩子高;那些适当使用电脑的孩子与家里没有电脑的孩子相比,花在阅读、运动或户外活动的时间并没有减少,但是那些每周使用时间超过8小时的孩子的运动或户外活动的时间比家里没有电脑的孩子就少很多。也就是说,使用计算机、互联网时间适度才会对认知和学习成绩有利,使用时间过多反而没有好处。

Witter 和 Senkbeil(2007)则对 Jackson 和以往的有关研究提出了质疑。首先,他们认为,前人在考查计算机使用对学生学业成绩的影响时,没有考虑控制其他的影响学习成绩的因素,如认知能力、社会经济地位或性别等,家庭使用计算机有可能只是影响学习的远端变量。另外,他们还提出,要回答计算机使用是否影响学习成绩的问题,可能还需要知道学生在计算机的帮助下怎样进行了有意义的学习。过度玩计算机游戏可能对成绩有消极影响,而教育性的活动则可能对学习有好处。他们认为,学生使用计算机和网络有不同的方式,将计算机作为一种认知工具可以帮助他们进行问题解决活动。学生在家里使用计算机时可能需要使用问题解决策略,例如使用电子数据表,上网搜索信息等;网上群体交流的模式也非常类似一个问题解决的过程。而学生是否在使用计算机时致力于问题解决活动可能取决于他们是否自己有兴趣学习计算机应用知识。如果学生在自我决定的方式下主动学习计算机技能,那么他们就能提高自身的问题解决策略。他们在德国的一个全国性的调查活动中选取了年龄自15岁3个月到16岁2个月的中学生进行研究,发现学生的数学成绩与他们使用计算机无关,也与他们在家中使用计算机的频率无关。但是,那些在自我决定方式下获得计算机技能,并且使用互联网的风格为智慧型的学生(autodidactic smart users)的问题解决能力分数和数学成绩显著高于其他学生。因此,他们认为,家庭使用电脑(包括上网)可能只是影响学习成绩的远端变量,并不直接对学生的成绩产生影响。如果学生在使用电脑时自己获得了计算机技能并致力于问题解决活动,那么他们的数学成绩就能得到提高。因此,在计算机使用(包括上网活动)与学生的学业成绩之间是否存在这样的中介变量还需要进一步的实证研究。

1.2.4 互联网使用、信息技能与学业成绩

1.2.4.1 信息素养和信息技能的定义

互联网技术的日新月异(如数据压缩、传输、显示方式等方面的飞速进展),使得可利用的信息资源的数量和质量大为提高,信息的海量化超出了常规的想象,如何在其中检索到自己需要的信息,确实是心理学家感兴趣的问题。Hess 提出互联网使用者在信息检索时应该使用认知策略,他认为互联网用户在信息检索时的感知觉与思维需要处理的主要问题是信息过载(information overload),能够使信息过载得以有效减弱或消除的认知策略是,既要考虑用户的计算机与信息技巧方面的知识,同时也应该考虑用户的人格特点[①]。他这里所提出的信息检索使用的认知策略实际上与使用者的信息素养(information literacy)有关,而信息技能与信息素养是密不可分的两个概念。

---

① 转引自李宏利,雷雳,王争艳,等.互联网对人的心理影响[J].心理学动态,2001,9(4):376-381.

1.2.4.1.1 国外学者关于信息素养的定义

1972年,阿瑟·列尔曼(Arthur Luehrmann)在波士顿教育大会上第一次面向中小学提出"计算机素养"(computer literacy)的概念,阿瑟·列尔曼因此被人们称为计算机素养之父。当时的计算机素养主要是用来界定编程技能及诸如文字处理等其他计算机操作技能(陈琦,刘儒德,2005)。1974年,美国信息产业协会主席保罗·泽考斯基(Paul Zurkowsk,1974)提出了信息素养的概念,他认为,信息素养包含诸多方面:传统文化素养的延续和拓展;使受教育者达到独立学习及终身学习的水平;对信息源及信息工具的了解和运用;必须拥有各种信息技能,如对需求的了解及确认,对所需文献或信息的确定、检索,对检索到的信息进行评估、组织和处理并做出决策等。概括地说,完整的信息素养应包括三个层面:文化素养(知识层面),信息意识(意识层面),信息技能(技术层面)。1992年美国图书馆协会(ALA)提出,信息素养是人能够判断何时需要信息,并且能够对信息进行检索、评价和有效利用的能力;同年美国学者道尔(Doyle. C. S.,1992)给出一个较全面的定义:具有信息素养的人,能够认识到精确的和完整的信息是做出合理决策的基础,他能够确定对信息的需求,能够形成基于信息需求的问题,能够确定潜在的信息源,能够制定成功的检索方案,从包括基于计算机的和其他的信息源中获取信息、评价信息、组织信息用于实际的应用,将新信息与原有的知识体系进行融合以及在批判性思考和问题解决的过程中使用信息。而英国图书馆与信息学会(Institute of Library and Information Professionals)认为,信息素养就是人能够知道何时需要信息,为什么需要信息,到哪里去寻找信息,怎样评估信息,以及懂得如何在符合伦理道德的情况下使用信息和交流信息。

1998年美国学校图书馆协会(AASL)和美国教育传播与技术

协会(AECT)制定了学生学习的九大信息素养标准[1]，这一标准从信息素养、独立学习和社会责任等3个方面进行了表述。其中信息素养有3个标准：①能够快速有效地获取信息；②是能够熟练地批判性地评价信息；③能够精确地创造性地使用信息。独立学习包括：①能探求与个人兴趣有关的信息；②能欣赏作品和其他对信息进行创造性表达的内容；③能力争在信息查询和知识创新中做得最好。社会责任是指：①能认识信息对民主化社会的重要性；②能履行与信息和信息技术相关的符合伦理道德的行为规范；③能积极参与小组活动来探求和创建信息。这一标准较为系统地给出了信息时代对公民提出的信息素养的真正要求，影响广泛而深远。

2000年，美国大学与研究图书馆协会(ACRL)制定了高等教育信息素养能力标准[1]，包括5项标准、22项执行标准和87项效果指标。这5项标准分别是：①限定所需信息的种类和范围；②有效地获取所需信息；③判断性地评估信息及信息来源，将精选的信息融入自己的知识库和价值系统中；④作为个体或小组中的一员，有效利用信息以实现特定目标；⑤理解与信息有关的经济、法律和社会经济问题，合法地获得和利用信息。

从计算机素养发展到信息素养，可以看出国外学者已经从最初的强调计算机编程到重视计算机课程的设置和各种应用软件的教学，然后逐步发展到重视利用信息技术获取、加工、管理、表达、交流信息，以及通过这些技术活动和信息活动来解决学习、生活、工作中的问题，并兼顾到其中的相关法律法规、伦理道德以及相应的社会

---

[1] 英文原文来自 http://www.ala.org/ala/aasl/aaslproftools/resourceguides/standardsguidelines.cfm.

[1] 英文原文来自 http://www.ala.org/ala/acrl/acrlstandards/informationliteracycompetency.cfm.

责任感的培养[①]。

1.2.4.1.2 国内学者关于信息素养和信息技能的定义

我国学者对"information literacy"这一概念的中文翻译还不统一,除了"信息素养"外,还有"情报素养"、"信息能力"、"信息素质"、"情报能力"、"情报素质"等译法。据统计(樊振佳,2006),"信息素质"和"信息素养"的使用远远高于其他概念,"信息"也逐渐取代"情报";而且很多文章还是把这些概念互相通用不加区分,且对应的英文都翻译为"Information literacy"或"Information capacity"等。有学者(石建政,2005)提出,"信息素养"与"信息素质"的概念还是稍有差别,"信息素养"与计算机文化(Computer Literacy)、网络文化(Net Literacy)、电视文化(Television Literacy)、数字文化(Digital Literacy)等一样,都更多地强调一种文化的理念。而"信息素质"则是指人所具有的对信息进行识别、加工、利用、创新和管理的知识、能力与情意等各方面基本品质的总和,代表了人的一种心理品质。即"信息素养"强调的是一种文化内涵,而"信息素质"强调的是人的身心发展总水平,二者涵义并不相同。赵呈领(2005)认为,信息素养是一种高级认知技能,信息素养教育包括伦理道德、技术、人文三个要素,是一种综合性教育。他结合多元智能理论提出,信息素养是促进学生多元智能发展的动因,信息素养可以发展人的语言智能、逻辑—数理智能、视觉—空间智能、音乐—节奏智能、身体—运动智能和人际—交往智能、自我反省智能、自然观察智能。

表1-2是我国部分学者对信息素养和信息技能(能力)的定义。

---

① 陈琦,刘儒德.教育心理学[M].北京:高等教育出版社,2005:413.

表1-2 我国学者对信息素养和信息技能(能力)的定义

年份	学者	信息素养的定义或结构	信息技能(能力)的定义或结构
2002	陈维维 李 艺	信息素养包含信息意识、信息知识、信息能力、信息道德这几方面。	信息能力是整个信息素养的核心。从狭义上来说,指的是个体对信息系统的使用以及获取、分析、加工、评价信息并创造新信息、传递信息的能力;从广义上来讲,除了上述能力以外,还应该包涵语言能力、思维能力、观察能力、判断能力等间接能力。
2002	祝智庭 顾小清	信息素养包括信息意识、信息能力和信息伦理三个方面。	信息能力是指能够有效地获取、加工和利用信息的能力,包括操纵信息工具的能力,检索获取信息的能力,加工提炼信息的能力,整合创建信息的能力,交流传播信息的能力。
2005	张亚莉	信息素养是由信息知识、信息能力和非认知因素(非智力因素)相互作用所组成的一个结构体系。	信息能力是指人们有效利用信息设备和信息资源获取信息、加工处理信息以及创造和交流新信息的能力。也可以简单理解为在现代信息社会,人们"运用和操作"信息知识,解决各种问题的能力。
2007	鲍洪晶 孙 平	信息素养是为了解决身边的问题,对信息的识别、查找、评估、组织、使用、创造和交流的能力。	信息素养的知识结构是有层次结构的,根本目标是通过提高学生的信息问题解决能力,使其可以快速有效地解决问题;次级目标为信息意识、信息技能和信息安全知识的掌握;而信息技能的子目标为:信息识别、信息查找、信息评估、信息组织和信息使用。

从中可以看出,虽然信息素养的概念至今尚未统一,但我国很多学者基本上是拓展了"信息素养"的内涵,使其与"信息素质"接近;并认为,信息能力或信息技能是信息素养或信息素质的一个层面,偏重于信息问题解决的能力。

1.2.4.2 信息素养与信息技能的评估

1.2.4.2.1 国外的研究

美国为了推进公民和在校学生的信息素养教育,制定了信息素养的国家标准,这样图书馆和学校对公民和学生的信息素养的教育和评估都是遵照国家标准进行。其中幼儿园到中学阶段主要是采用1998年美国学校图书馆协会(AASL)和美国教育传播与技术协会(AECT)制定的学生学习的九大信息素养标准,而高等教育则采用美国大学与研究图书馆协会(ACRL)制定的高等教育信息素养能力标准。

其他国家如新加坡、澳大利亚、新西兰、韩国等都制定了相关的标准对信息素养进行评估。1997年,新加坡教育部出版了《信息素养指南》一书,包括对信息素养的界定、评估与评价、学生执行标准等[1]。2001年,澳大利亚和新西兰制订了信息素养标准《澳大利亚和新西兰信息素养标准体系:原理、标准、实践》,2004年又做了修订[2]。韩国从1999年开始在高中阶段实行信息素养认证制度,在全国的71.6万高中一年级学生中,约38万人接受了电脑等信息课程

---

[1] Bruce, C. S. Information literacy as a catalyst for education change: A background paper. White Paper prepared for UNESCO[R]. Prague:The U.S. National Commission on Libraries and Information Science, and the National Forum on Information Literacy, for use at the Information Literacy Meeting of Experts, Prague,2002.

[2] Bundy A ed. Australian and New Zealand Information Literacy Framework: Principles, Standards and Practice. Adelaide: Australian and New Zealand Institue for Information. Literacy. 2004 [2007-9-25]. http://www.anziil.org/resources/Info%20lit%202nd%20edition.pdf.

的教育或取得了相关的资格证书[①]。

1998年6月,美国科罗拉多州LonSmont和Loveland高中的四位教师一起开发了一个适用于10-11年级学生的评价方案。该方案要求学生从印刷品、电子作品、口头信息中收集大量的信息,并评价每个资料来源的可信度,然后展示他们对这些信息的理解,还要学会在注释中写参考书目。这个评价方案涉及的评价标准有:读/写标准五(从大量的媒介、指导书和技术资源中,学生通过阅读来寻找、选择、利用相关的信息)、9至12年级标准二(鉴于已知的内容和特定的需求来评价信息)、9至12年级标准五(用技术来评价信息、做研究、形成经过证实的产品)。实施这个方案需要6天,每天90分钟。最后教师通过评价学生使用媒体工具的能力、批判性思维的能力等全面评估学生的信息素养水平[②]。

美国加州州立大学(CSU)(Dunn. K, 2002)发展了一套用于评估大学生的信息素养技能体系。CSU认为信息能力包括7种知识和技能:①在概念框架和他人能理解的基础上形成和表述一个研究问题或主题;②决定研究问题或课题所需要的信息,形成相应的使用多种资源的搜索策略;③运用合适的技术工具定位和寻找合乎需要的各种形式的信息;④用合适的方式组织信息,包括分析、评价、综合和消化;⑤运用各种媒体形式有效地创造和交流信息;⑥理解与信息有关的伦理、法律和社会政治课题;⑦理解各种渠道的信息呈现的技术、观点和实践。该评估体系分为三个步骤:①设计问题情景,定量研究学生的信息能力基础;②通过综合多种方法的定性研究了解学生在搜索信息时做了什么;③对实验组、控制组采用特

---

① 刘微.韩国.信息素养创造性地应用在生活中[N].中国教育报,2002-12-12(3).
② 转引自张艳艳.美国中小学信息素养评价概况[J].教学与管理,2005(10):95-96.

定的指导方法和活动进行追踪研究,设计前后测问题,广泛调查教师态度、期望和对学生信息素养技能的知觉。

1.2.4.2.2 国内的研究

我国有关信息素养评估和测量的研究不多。赵静(2004)提出了"信息商"(Information Intelligence Qutient,简称IIQ),即信息能力商数(最早由Arquette提出),用以表示信息社会中个人和团体有效运用信息应对信息环境的信息力水平的指数,包括对环境的适应力、控制力与创新力。她还提出了信息商的三大要素:信息观、信息知识和信息能力,并建立了三层可操作、执行的评估指标体系,提出了具体的信息商测试方法。不过作者只是以该体系为基础设计了30题的问卷,在西南科技大学350名学生中做了测试,对其他群体不具有推广性,还需要进一步完善。

张铁墨(2005)通过分析信息素养评价具有的非线性评价特点,借鉴了绩效和绩效考评的理念,在国内外研究基础上,将模糊综合评价引进信息素养的评价中,建立起初中学生信息素养的模糊—绩效评价方法,并进行了评价实践的案例研究。该评价体系分为三级指标,其中一级指标包括信息意识、信息知识、信息技能和信息情感与伦理道德。其中信息技能主要包括计算机信息技能以及应用技术解决实际问题的技能。该评价方法将学生家长、同学及学生自己都加入评价人员的行列,打破了教师评价的唯一性,也比自我报告法更具客观性。不过该评价方法实施起来比较繁琐,评价人员需求很多,人工计算工作量大而且很难,也易出错;而且由于涉及模糊数学的运算,也增加了评价难度。

莫力科(2005)借助文献研究、比较研究、问卷调查、统计分析、结构方程模型等方法,对大学生信息能力建设的相关问题进行了理论与实证研究。他构建的我国大学生信息能力标准体系包括信息需求的确定和表述能力、信息检索和获取能力、信息评价及处理能力和信息组织及创造能力5个一级标准和15个二级评价指标。

刘孝文(2006)在理论研究的基础上参照国外的评估体系构建了信息素养评估指标体系。他首先运用德尔菲法征求了专家对指标体系的意见和建议,然后通过问卷调查法对指标体系进行了测试验证,最后运用层次分析方法确定了指标体系的权重系数,最终建立了一个有5项一级指标、14项二级指标、33项三级指标构成的信息素养评估指标体系。一级指标包括信息意识素养、信息知识素养、信息定位能力、信息获取能力和信息加工能力5个方面。二级指标包含信息的敏感性、信息价值观、信息法律道德等14项,三级指标是对二级指标的具体解释说明,共33项。该评估体系具有良好的信度和内容效度;其着重考察的是全体社会成员都应该具备的基本素质,考虑了教育差异、职业差异和年龄差异,可用于社会各层次群体。但该体系比较适用于成人和大中专学生,对于中小学生则不太合适。

由此可见,我国迫切需要开展对青少年、中小学生信息技能的测量评估的研究,以此促进青少年、中小学生信息技能的培养和教育。

1.2.4.3 互联网使用、信息技能与学业成绩

OECD(2006)的调查发现学生的数学成绩与他们使用电脑的能力和频率有关。英国教育与技能部委托 Margaret Cox 等专家对1990年以来的420多篇公开发表的英文研究文献进行了文献综述(Becta,2004),结果发现信息技术的应用对英语(母语国家)、数学、科学、信息(与通信)技术、外语等学科的学习有积极的影响,还有证据显示应用模拟技术可以促进学习者在地理、历史和经济学等领域的推理及决策能力,一些特殊的软件如音乐合成软件、数字图像加

工软件等也会对美术、音乐和体育等课程的学习产生积极的影响。而且研究也显示,信息技术会提高学习者的学习动机和学习态度。影响学习者成绩的因素包括教学方法以及学校中的信息技术应用情况。学习者在家庭中自发地应用信息技术对其学习会产生很多方面的积极影响,学习者可以与同伴和教师通过电子邮件、在线讨论、网站等方式交流观点、讨论作业等,而这种讨论会对学习者自己的理解提出挑战并促使其加深理解。

李宏利、刘惠军(2004)提出,信息素养可能是思维活动的新中介,它可以启发引导青少年把现实物理空间与互联网络空间中的思维发展连接起来,有利于青少年具有使用互联网进行学习的意识,有利于青少年的创造性培养,有利于青少年使用互联网进行问题解决与建立决策信息。但目前还没有相关的实证研究证实这一说法。

综上所述,互联网使用是否与学习成绩有关,不仅要看青少年使用互联网的时间是否适当,还要看他们在使用互联网时从事了什么活动。阅读能力、计算机技能、问题解决活动、信息技能可能是互联网使用与学习成绩之间的中介变量。影响学生学习成绩的因素众多,在研究互联网使用与学习成绩之间的关系时,要考虑适当控制其他因素的影响。

1.3 本章小结

本章主要对互联网使用与青少年认知发展、学业成绩的理论与实证研究进行了综述,重点回顾了互联网使用与青少年认知发展和学习成绩的实证研究。梳理众多相关文献可以看到,互联网使用虽然是多个学科的研究热点,但具体到互联网使用与青少年认知发展和学习成绩的关系的实证研究却并不是很多。对电子游戏与青少年认知技能发展的关系研究虽然较多,但大多是现场研究,缺乏相关的长期追踪研究,无法说明长期玩电子游戏对青少年的认知技能是否有影响。对互联网使用与青少年思维发展的关系虽有较深入地理论分析,但缺乏相关的实证研究。国外对互联网使用与学业成绩的研究虽然有一些,但我国国内的相关研究相当缺乏;对于互联网使用影响学业成绩的具体作用和机制还有待更多的深入研究。

第 2 章
问题的提出与研究总体设计

2.1 问题的提出

2.1.1 以往研究的贡献与不足

2.1.1.1 以往研究的贡献

关于计算机与互联网使用和青少年认知发展、学业成绩的研究从上世纪 70 年代到现在,已经有不少成果。

(1)在互联网对青少年思维发展的影响方面,有相当一部分有价值的理论研究与探讨,为实证研究提供了相应的理论基础。

(2)研究范围从学校互联网的使用逐渐深入到家庭电脑和互联网的使用,显示出互联网已经从孩子的学校教育深入到家庭生活,并且具体到互联网的使用时间与内容对青少年的认知发展与学业成绩的影响,为后来者进一步地深入研究提供了方向。

(3)在研究方法上注重使用纵向研究和教育实验研究方法,可以讨论因果关系,如 Jackson 等学者(2006)对青少年的互联网使用进行了为期 16 个月的追踪研究,使得研究的结果更加可信并更接近实际生活。

(4)提倡和注意对影响认知发展和学习的其他变量的控制,如Nævdal(2007)的研究中对性别、阅读障碍和英语学习兴趣进行了控制,Witter和Senkbeil(2007)的研究中对性别、移民背景、认知能力、阅读活动、看电视行为等进行了控制。只有分离出其他变量的影响,人们才能研究出互联网使用与青少年认知发展和学习成绩的真正关系。

2.1.1.2 以往研究的不足

由于互联网使用也只是近几十年来才深入人们的生活并对之产生影响,因此仍然有许多问题值得探讨。在互联网使用与青少年认知发展和学业成绩的关系的研究中,还有以下不足:

(1)对互联网使用的变量和学业成绩的界定不统一

他们虽然都是考察互联网与学习成绩的关系,但是他们所考察的互联网使用的内容及学习成绩的科目都不一样,因此最后研究的结果并不一致。

在互联网使用方面,有人使用每天上网时间、聊天室登记数目、访问页面数目和发送 E-MAIL 数目作为互联网使用的变量(Jackson,et al.,2006),也有人用家中是否有电脑、使用频率(Witter & Senkbeil, 2007),还有人用电脑使用时间和使用分类作为互联网使用的变量(Hunley,et al.,2005;Nævdal,2007)。

在学习成绩方面,考查的科目也不同,有外国语(英语)的成绩(Nævdal,2007),有阅读标准化测验和 GPA 的分数(Hunley, et al.,2005;Jackson, et al.,2006),也有数学能力测验成绩(Witter & Senkbeil,2007)等。

(2)从多变量角度考察互联网使用对学生学习成绩的影响的研究较少

学生如果花时间上网,可能占用了他们写家庭作业、以及阅读等其他活动的时间;但从另一个角度看,学生或许还是正常地写家庭作业、阅读等,只是把其他的娱乐活动的时间用在互联网上;或者学生根本是在互联网上学习、阅读,甚至是与同学讨论与学习有关的问题。家庭是否拥有计算机和能否上网,这些只是一个表面现象,青少年如何使用互联网,使用了什么功能,是否从中受益才是最根本的原因。有研究显示,如果学生使用电脑主要是从事信息搜索和文字处理等与学校作业相关的活动,那么会对英语成绩有积极的影响;而玩乐、网上冲浪和聊天等活动与英语成绩没有关系,所以,学生主要在网上进行什么样的活动是互联网使用是否影响学习成绩的关键。另外,互联网使用时间与学习成绩可能并非线性关系,在研究时也需要加以考虑。由于该研究只涉及了互联网使用与英语成绩的关系,所以从多变量角度考察互联网使用对学生不同科目的学习成绩的影响还需要深入。此外,父母的文化程度对孩子使用互联网的情况是否有影响,也需要加以研究。

(3)对互联网使用如何影响学习成绩的机制探讨不够

互联网使用通过何种途径对学习成绩产生影响,前人的研究并不充分。互联网使用与学习成绩的关系也许并不是一个简单的直接的关系,虽然 Leino(2003)与 Jackson(2006)都提出阅读能力有可能是互联网使用影响阅读标准化测验和 GPA 分数的中介变量,但他们并没有进一步检验。此外,计算机技能、问题解决活动、信息技能可能是互联网使用与学习成绩之间的中介变量(Witter & Senkbeil,2007;李宏利、刘惠军,2004)。因此,在互联网使用与学生的学业成绩之间是否存在阅读能力、信息技能这样的中介变量还需要进一步的实证研究。

(4)关于互联网使用偏好的分类并不统一

在互联网使用内容的分类上,前人的研究并不一致。

不同的研究者由于视角不同,对青少年互联网使用的分类有所不同,有些关于成人和大学生的分类不一定适用于青少年;由于互联网技术发展日新月异,如近年来"博客"、"播客"等新事物的出现等,以往的有关青少年互联网使用偏好的研究也不一定能完全反映目前青少年的真实情况。

(5)关于互联网使用与青少年认知发展的关系研究还相当缺乏

虽然前人开展了一些互联网使用与青少年思维发展的理论探讨,但相关的实证研究仍然缺乏,如互联网使用与青少年的逻辑思维发展、创造性思维能力、问题解决能力、批判性思维能力、认知能力等诸多领域仍然迫切需要开展相应的实证研究。

2.1.2 本研究拟探讨的问题

在前人研究的基础上,本研究试图回答以下问题:

(1)本研究希望编制出适合我国青少年使用的"青少年互联网使用偏好问卷"和"青少年信息技能评估问卷"用于实际研究;

(2)本研究希望对青少年使用互联网的情况进行实证调查,了解当前青少年使用互联网的基本状况和特点,如青少年每周使用互联网的时间与频率、互联网使用偏好、有无人口学变量的差异等;

(3)互联网使用时间、互联网使用偏好与青少年阅读能力、信息技能等认知技能关系如何?互联网使用时间、互联网使用偏好与学习成绩的关系如何?阅读能力、信息技能是否是互联网使用时间、互联网使用偏好与学习成绩之间的中介变量?

总之,本研究的主要目的是:编制"青少年互联网使用偏好问卷"和"青少年信息技能评估问卷";了解当前青少年使用互联网的基本状况和特点;初步探讨互联网使用对信息技能、阅读能力和学习成绩的影响以及互联网使用偏好对学习成绩的影响机制。

2.2 研究的总体构想及假设

2.2.1 主要概念的界定与变量的选择

2.2.1.1 青少年

CNNIC将6-24岁人群称为青少年群体,而本文所指的青少年是指小学四年级至初中二年级的学生。

2.2.1.2 互联网使用

互联网使用是指用户登陆网络后发生的一系列行为,包括互联网使用的时间和内容等。本研究选择了互联网使用时间和使用偏好两个变量。

(1)互联网使用时间

本文所指的互联网使用时间是指青少年每周上网的时间总数。

(2)互联网使用偏好

用户在使用互联网时由于动机和需要不同,他们经常使用的网络服务或功能的内容也有所不同。互联网使用偏好就是指用户经常使用的网络服务或功能的内容。

2.2.1.3 阅读能力

阅读能力是指学生运用语言知识及其经验,重新建构阅读材料意义的能力。语文阅读过程可以分为四个方面:文章微观理解阅读、文章宏观理解阅读、评价阅读和发散阅读。这四方面的阅读可以进一步分为九个相对独立的子活动。第一方面文章微观理解阅读,包括文章词句的理解、文章语境的理解与连贯性推理两个子活动。第二方面文章宏观理解阅读,文章宏观理解阅读可以进一步分为结构性阅读和信息性阅读,结构性阅读包括文章布局谋篇的理解、文章作者写作意图与表现手法的理解两个子活动;信息性阅读包括文章重点信息的把握、文章潜在信息推论和文章整体信息的组织与建构等三个子活动,这样,宏观理解阅读共包括五个子活动。第三方面评价阅读,包括文章的评价与鉴赏子活动。第四方面发散阅读,包括文章独特领悟与迁移活动(温鸿博,莫雷,2005)。

国外有不少文献显示,互联网使用可以提高学生的阅读能力,这可能是因为,青少年在上网时需要阅读大量文本信息,有可能提高他们的阅读水平。因此本研究选择阅读能力作为结果变量和中介变量之一。

2.2.1.4 信息技能

综合国内外学者对信息素养及其结构的剖析,笔者将青少年的信息技能界定为用户通过获取信息、加工信息和应用信息来解决信息问题的一种认知技能。其中获取信息技能是搜索信息和储存信息的技能;加工信息技能是指评价信息和处理信息的技能;应用信息技能是指使用信息和交流信息的技能。这里所定义的信息技能是信息素养的一个层面,是一种一般性的认知技能,因为信息可以是各个领域的信息,在各个领域的信息搜索任务中都可以运用信息技能来解决。根据前人的研究结果,本研究选择信息技能作为结果变量和中介变量之一。

2.2.1.5 学业成绩

学业成绩是衡量在校青少年个人绩效的一个重要指标。本研究选择青少年的学业成绩作为最终的结果变量,包括语文、数学、英语成绩。

2.2.2 总体研究假设

根据研究目的,本研究的假设主要包括以下三方面的内容:青少年互联网使用偏好与信息技能的结构;当前青少年互联网使用的基本状况和特点;青少年互联网使用对其认知发展(包括信息技能、阅读能力)和学习成绩的影响。

总体假设1:青少年互联网使用偏好是多维结构,信息的获取、与他人的交流以及娱乐是青少年使用互联网的主要内容。青少年信息技能也是多维结构,主要包括信息的获取、加工和应用等方面。

总体假设2:青少年的互联网使用时间、互联网使用偏好、信息技能在人口学变量上有差异。

总体假设3:青少年的互联网使用对信息技能、阅读能力、学业成绩均有积极影响。互联网使用时间适中的青少年的学业成绩比使用时间过少和使用时间过多的要好。父母的文化程度是青少年互联网使用偏好影响学业成绩的调节变量。青少年的互联网使用偏好对信息技能、阅读能力和学业成绩有直接的影响,并通过信息技能和阅读能力对学业成绩有间接的影响。信息技能、阅读能力是互联网使用偏好与学业成绩之间的中介变量(中介作用见图2-1)。

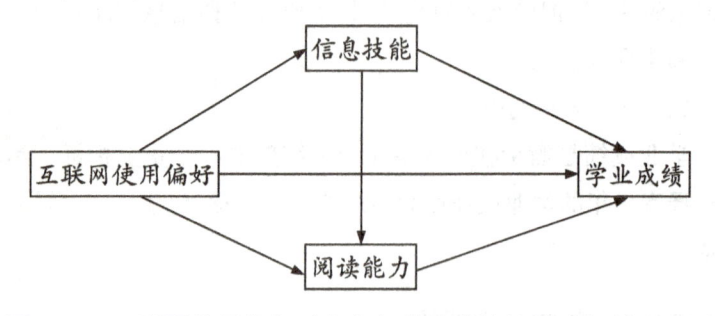

图2-1 互联网使用偏好对青少年学业成绩的影响机制示意图

2.3 研究方法与思路

2.3.1 研究方法

本研究所采用的数据收集方法有文献法、访谈法、德尔菲法（Delphi）、问卷法，此外还对学生的期末学习成绩进行收集整理。

首先通过文献研究，了解国内外相关研究的思路、方法和结论。然后通过个别访谈和小组焦点访谈了解青少年互联网使用的主要内容、信息技能的基本发展情况，在此基础上编制青少年互联网使用偏好结构式问卷；并将信息技能构成要素制成专家咨询问卷，采用德尔菲专家咨询方法得出各级构成要素的权重分数。最后用问卷大规模地收集信息，用于研究各变量间的关系。

统计方法主要是通过探索性因素分析筛选问卷项目，确定青少年互联网使用偏好的初步结构，再通过验证性因素分析检验青少年互联网使用偏好的构想效度；最后，运用多层回归分析和路径分析考察青少年互联网使用与信息技能、阅读能力和学业成绩之间的关系。

2.3.2 研究对象

本研究的对象为小学四、五、六年级学生以及初一、初二学生。为了减少地区差别、教学质量、常住与外来户口等无关变量的干扰，本研究将研究对象限定在深圳市的中小学，学生家庭绝大部分拥有该城市常住户口。

预备研究拟在"小荷作文网"（www.zww.cn）进行网上调查，并结合少量纸笔问卷调查。"小荷作文网"(www.zww.cn)的主要浏览者是全国各地的中小学生,大多数是小学四、五、六和初一、二年级的学生。现有会员3万人左右,最高浏览量每天6万人次。正式施测时拟在深圳市各城区中小学选取样本。从预备研究至正式研究共涉及专家25名,学生4240余人。

2.3.3 研究思路

研究过程分为两个阶段:第一个阶段分别确定青少年互联网使用偏好和信息技能的结构并编制相应的测量工具(研究一和研究二);第二阶段运用这些自编和他人的测量工具从中小学获取相应的测量数据,并通过学校获取学生的期末统考成绩,然后进行相关的研究。总体研究设计和研究过程分别见表2-1和图2-2。

本研究流程可以分为四个阶段,如图2-2所示。第一阶段为理论建构阶段,包括问题提出、文献综述、研究构想与变量关系建构。第二阶段为问卷编制阶段,包括问卷编制和问卷结构与质量分析。第三阶段运用这些自编及他人的测量工具获取相应的测量数据,并通过学校获取学生的期末统考成绩。第四阶段为全文总结阶段,包括研究数据的分析与讨论、研究总结论、研究不足和研究展望。其中第二和第三阶段是重点研究阶段。第一阶段的研究从2007年3月开始至2007年10月结束;第二阶段的研究从2007年11月至12月结束;第三阶段的问卷调查全部在2008年1月完成;第四阶段于2008年5月前完成。

表 2-1　总体研究设计

研究	问题	数据收集方法	数据处理方法
研究一：青少年互联网使用偏好问卷的编制	青少年互联网使用偏好的结构与测量	访谈法、问卷法	探索性因素分析、验证性因素分析
研究二：青少年信息技能评估问卷的编制	青少年信息技能评估体系的建立与测量、信息技能发展状况	访谈法、德尔菲法、问卷法	项目分析、多因素方差分析
研究三：青少年互联网使用状况	青少年互联网使用时间、使用偏好的特点	问卷法	多因素方差分析
研究四：青少年互联网使用与信息技能、学业成绩的关系研究	青少年互联网使用、父母文化程度对学习成绩的影响以及信息技能在互联网使用偏好对学习成绩影响中的中介作用	问卷法、学生成绩	多层回归分析
研究五：小学生互联网使用偏好与信息技能、阅读能力和学业成绩的关系研究	小学生互联网使用偏好对学习成绩的影响机制	问卷法、学生成绩	路径分析

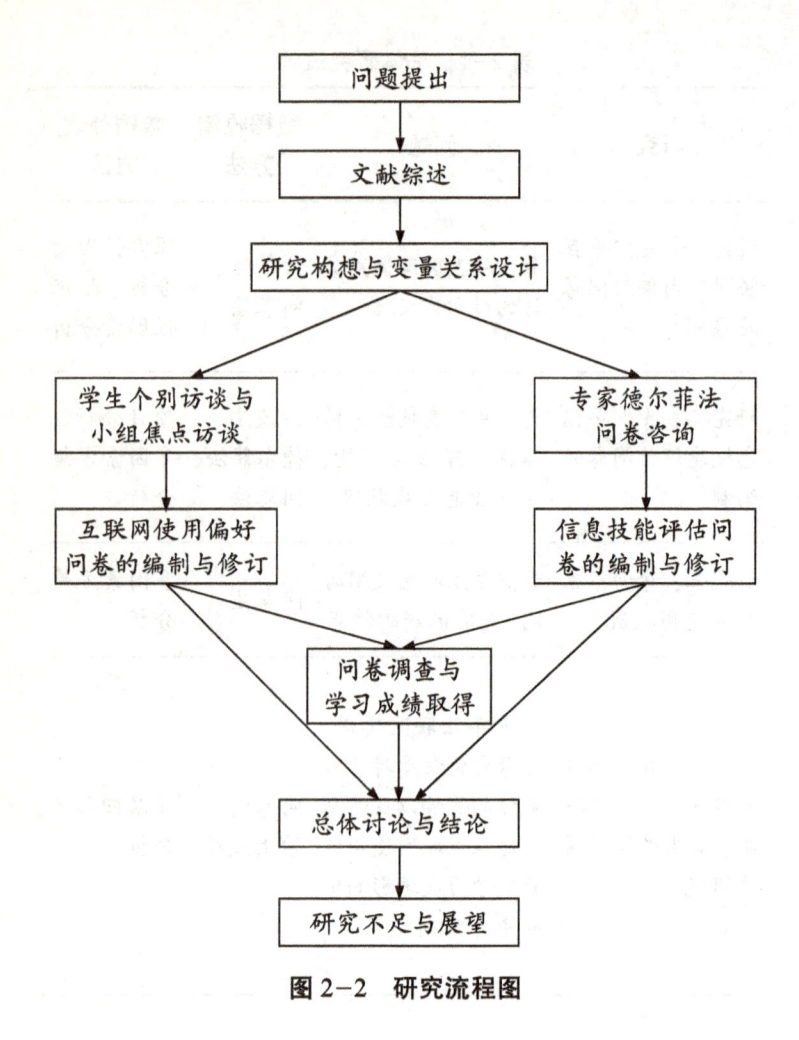

```
        ┌──────────┐
        │ 问题提出 │
        └────┬─────┘
             ↓
        ┌──────────┐
        │ 文献综述 │
        └────┬─────┘
             ↓
      ┌──────────────────┐
      │ 研究构想与变量关系设计 │
      └──────────────────┘
        ↙              ↘
┌──────────────┐   ┌──────────────┐
│ 学生个别访谈与 │   │ 专家德尔菲法 │
│ 小组焦点访谈   │   │ 问卷咨询     │
└──────┬───────┘   └──────┬───────┘
       ↓                  ↓
┌──────────────┐   ┌──────────────┐
│ 互联网使用偏好 │   │ 信息技能评估问 │
│ 问卷的编制与修订│   │ 卷的编制与修订 │
└──────┬───────┘   └──────┬───────┘
        ↘              ↙
      ┌──────────────────┐
      │ 问卷调查与        │
      │ 学习成绩取得      │
      └────────┬─────────┘
               ↓
        ┌──────────────┐
        │ 总体讨论与结论 │
        └──────┬───────┘
               ↓
        ┌──────────────┐
        │ 研究不足与展望 │
        └──────────────┘
```

图 2-2　研究流程图

第3章
青少年互联网使用偏好量表的编制

3.1 本章研究目的与假设

3.1.1 本章研究目的

探讨青少年互联网使用的内容分类，编制用于测量青少年互联网使用偏好的量表。

3.1.2 本章研究假设

H1：青少年互联网使用偏好是多维结构，信息的获取、与他人的交流以及娱乐是青少年使用互联网的主要内容。

3.2 青少年互联网使用偏好量表的项目编制过程

本研究采用访谈法了解当前青少年互联网使用的内容，构建问卷的框架并搜集、编写项目，形成初始问卷。

3.2.1 学生访谈

对中小学生35人进行个别访谈，每人时间为10分钟左右。访谈内容主要是了解学生目前互联网使用的状况,是否方便上网,每周上网多少次,每次多长时间,主要使用互联网的哪些功能,父母是否干涉等。通过访谈发现,这些中小学生大多数在家里上网,有少数父母反对他们上网,因此他们会在亲戚或同学家上网,只有1人提到偶尔会到网吧上网;他们一般都是周末上网,大部分上网时间在半小时到4小时之间,最短的可能就几分钟,最长的是通宵上网;他们中有28人提到上QQ与同学、朋友、老师聊天,有26人提到玩网络游戏,有19人提到查找有关学习资料(如课前演讲需要的故事和材料、数学例题等),20人提到在线听音乐或下载音乐,有14人提到写博客,12人提到看新闻,11人提到看动画、动漫等,9人提到上贴吧或论坛,11人提到上教育网站,6人提到维护个人主页,8人提到看图片,11人提到收发邮件,7人提到浏览生活信息或自己感兴趣的信息(如查地图、画画等),9人提到看小说或漫画,6人提到学习电脑知识,14人提到看电影、电视,6人提到看个人空间,有11人提到养QQ宠物,1个学生提到网上购物,1个学生提到充值等活动。

3.2.2 项目编制

研究者在对学生访谈的基础上,参考"中国青少年互联网使用状况及其影响的研究"课题组2000年度对青少年用户的上网目的的分类以及雷雳、柳铭心(2004)编制的"青少年互联网服务使用偏好问卷"的部分项目,同时参考CNNIC2007年7月的对"用户经常使用的网络服务/功能"调查的内容的分类,将现今中小学生主要使用互联网的功能分为:信息获取、信息交流、娱乐、消费四类,共25个项目(见附录1)。3名心理学专业硕士研究生、7名心理学专业博士研究生共同对项目的含义进行解读和归类,删除和修改引起歧义的项目,得到19个项目(信息获取6题、信息交流5题、娱乐6题、消费2题)。

3.2.3 小规模试用

在两所学校中分别抽取小学四、五年级各1个班,初一年级1个班、初二年级2个班共231名学生,对项目进行小规模的试用,主要是考察中小学生是否有阅读和理解方面的障碍,以及对项目是否还有补充。在小规模问卷试测的基础上对项目再次进行修改和文字调整,使项目表述的内容更贴近中小学生的实际使用情况。

通过小规模的试用发现,由于本调查涉及的中小学生均从小学四年级到初中二年级,年龄均在9岁到14岁之间,他们大致使用互联网的功能主要为获取信息、交流和娱乐三类,很少有网上购物之类的活动,即使有少量这样的行为,也是在家长的协助之下,因此去掉有关消费的题目,得到17个项目。

3.3 探索性因素分析与问卷的形成

研究目的:对编制的青少年互联网使用偏好问卷进行试测,通过统计分析探索青少年互联网使用偏好的结构,修订问卷的项目并形成正式问卷。

3.3.1 第一次试测与项目的修订

3.3.1.1 被试与调查过程

调查对象为"小荷作文网"的会员,"小荷作文网"(www.zww.cn)的主要浏览者是全国各地的中小学生,大多数是小学四、五、六和初一、二年级的学生。现有会员3万人左右,最高浏览量每天6万人次。本次调查在周末进行,通过技术可以使每个 IP 地址只能参与网上调查一次,并且全部问卷能够有效回收。两天共有 1965 名学生提交了问卷,学生的年级分布从小学一年级到高中三年级,但大部分都是小学四年级到初中二年级的学生(1552 名)。由于该网站女生会员比较多,而男生较少,但实际上网比例为男女大致平衡:57.2:42.8(CNNIC)。研究者为平衡性别比例,先从小学四年级到初中二年级的男生中随机抽取了约 3/4 的被试,再从同样群体的女生中抽取人数大致相同的被试,最后共抽取了被试 802 名。其基本分布特征见表 3-1。

表 3-1 第一次调查被试基本分布情况

性别	小四	小五	小六	初一	初二	合计
男	43	67	96	104	97	407
	5.4%	8.4%	12.0%	13.0%	12.1%	50.7%
女	44	61	95	96	99	395
	5.5%	7.6%	11.8%	12.0%	12.3%	49.3%
合计	87	128	191	200	196	802
	10.8%	16.0%	23.8%	25%	24.4%	100%

在调查进行之前,网站对调查进行了宣传和介绍,以取得参与者的理解和信任。考虑到可能有考虑到部分学生可能会对一些文字不理解,因此在调查的最后留下空白请学生提出疑问,以便对问卷进行修改。

3.3.1.2 统计方法

用 SPSS12.0 进行数据的录入和统计,统计方法为探索性因素分析。

3.3.1.3 试测结果与分析

本研究选取 KMO 和 Bartlett 球形检验对采样充足度及是否适宜进行因素分析进行检验。结果显示 KMO 采样充足度等于.875（>.80），表明采样充足度高，变量间的偏相关很小；Bartlett 检验值为 4119.346，$p < .000$，说明数据适合进行因素分析。

本研究因素数目的确定采用以下标准：（1）因素的特征值大于 1；（2）每一因素至少包括三个项目。删除项目的标准是：（1）在某一选项上的频率大于 80%；（2）因素负荷小于 0.40；（3）有多重负荷；（4）无法对项目与因素的关系做出合理解释。

基于以上标准，对问卷结果进行探索性因素分析。用主成分法抽取因子，方差极大正交旋转确定因素负荷，得到三个因子，总解释量为 50.93%（见表 3-2）。

因素 1 各项目反映了青少年利用互联网发布信息以及与他人进行各种交流的活动，因此命名为"信息交流"。

因素 2 各项目反映了青少年利用互联网进行的各种娱乐休闲活动，命名为"娱乐"。

因素 3 各项目主要是青少年利用互联网进行各类学习与信息获得的活动，命名为"信息获得"。

其中"网上即时聊天（如 QQ、MSN 等）、养宠物"一题，在因素 1、因素 2 上面均有负荷，说明此项目包含两个方面的目的，学生用 QQ 进行聊天和养宠物既有娱乐的因素，又有交流的因素，因此这个项目应该分为两个项目，分别是"网上聊天（如 QQ、MSN 等）"和"养电子宠物（如 QQ 宠物）"。

根据第一次调查的探索性因素分析结果重新修订问卷，对其他有学生反映不理解的词语和引起歧义的陈述进行文字修改，将"下载软件、学习电脑技术等"分解为两个项目，分别是"下载电脑软件"

和"学习电脑技术";将"下载音乐、听音乐"分解为"下载音乐"和"网上在线听音乐";将"下载游戏、玩游戏"改为"玩游戏";将"看图片、下载图片"改为"看图片";将"在博客、个人空间上写文章、发图片等"中的"发图片"改为"上传图片"。由此形成20题组成的初步问卷,进行第二次问卷调查和修订。

表3-2 第一次试测因素分析结果

题目内容	因素1	因素2	因素3
在博客、个人空间上写文章、发图片等	.785		
浏览他人网页或空间并留言	.695		
上贴吧、参与社区论坛发帖子等	.686		
制作和维护个人主页	.643		
收发邮件	.584		
网上即时聊天(如QQ、MSN等)、养宠物	.463	.436	
看网络电视、电影等		.772	
看动画片、Flash等其他视频		.704	
看漫画、小说等		.678	
下载游戏、玩游戏		.638	
看图片、下载图片		.551	
下载音乐、听音乐		.534	
查找和阅读与课程学习有关的信息			.782
上教育网站学习(如看作文、例题等)			.767
查询生活信息(如天气、地图、交通、健康等)			.675
浏览各类新闻			.530
下载软件、学习电脑技术等			.483
贡献率(%)	18.400	18.165	14.360

3.3.2 第二次试测与项目的修订

3.3.2.1 被试与调查过程

被试为三所学校10个班级的学生431人,得有效样本397人,样本有效率为92.1%。其中,小学生(四、五、六年级)228人,中学生(初一、初二)169人;样本的分布情况见表3-3。研究工具是由20题组成的初步问卷。以班级为单位匿名施测,主试为经过培训的学校教师。

表3-3 第二次调查被试基本分布情况

性别	年级					合计
	小四	小五	小六	初一	初二	
男	40	43	32	42	48	205
	10.1%	10.8%	8.1%	10.6%	12.1%	51.6%
女	36	43	34	37	42	192
	9.1%	10.8%	8.6%	9.3%	10.6%	48.4%
合计	76	86	66	79	90	397
	19.1%	21.7%	16.6%	19.9%	22.7%	100%

3.3.2.2 统计方法

用SPSS12.0进行数据的录入和统计,统计方法为探索性因素分析。

3.3.2.3 试测结果与分析

本研究选取KMO和Bartlett球形检验对采样充足度及是否适宜进行因素分析进行检验。结果显示KMO采样充足度等于.828(>.80),表明采样充足度高,变量间的偏相关很小;Bartlett检验值为 1737.244，$p < .000$，说明数据适合进行因素分析。

本研究因素数目的确定采用以下标准：(1)因素的特征值大于1；(2)每一因素至少包括三个项目。删除项目的标准是：(1)在某一选项上的频率大于80%；(2)因素负荷小于0.40；(3)有多重负荷；(4)无法对项目与因素的关系做出合理解释。

表3-4　第二次试测删除项目后的因素分析结果

题目内容	因素1	因素2	因素3
在博客、个人空间上写文章、上传图片等	.810		
浏览他人网页或空间并留言	.746		
上贴吧、参与社区论坛发帖子等	.592		
制作和维护个人主页	.532		
收发邮件	.443		.443
看网络电视、电影等		.750	
看漫画、小说等		.723	
玩游戏		.667	
下载电脑软件		.611	
看动画片、Flash等其他视频		.588	
网上聊天	.448	.504	
查询生活信息(如天气、地图、交通、健康等)			.752
上教育网站学习(如看作文、例题等)			.729
查找和阅读与课程学习有关的信息			.700
学习电脑技术等			.643
浏览各类新闻			.570
贡献率(%)	16.079	17.174	17.546

基于以上标准,对问卷结果进行探索性因素分析。用主成分法抽取因子,方差极大正交旋转确定因素负荷,仍得到三个因子,即:信息交流(因素1,共5题)、娱乐(因素2,共6题)、信息获得(因素3,共5题)。三因子对方差的解释量分别为16.079%、17.174%和17.546%,总解释量为50.709%。

因素1"信息交流"上有1题在因素3上也有相同负荷,"收发邮件"不仅是学生用于信息交流的手段,通过邮件学生也可以获取信息,但因为这一行为与其他题目没有重复的地方,又是互联网使用的重要功能,且这一题在第一次调查中未出现双重负荷,因此仍予以保留,从表面看,收发邮件是双方的交流,与因素3单方面在网上浏览获取信息不同,因此暂时归到因素1。

"网上聊天"仍然在因素1"信息交流"和因素2上"娱乐"上有双重负荷,原因是网络公司为了吸引顾客使用自己的软件,都在自己的聊天工具软件上附加了强大的娱乐功能,如QQ、MSN等有游戏,还可以同时在线下棋、打牌、听音乐。因此,网上聊天对中小学生来讲,既可以与同学、朋友交流,也可以同时进行娱乐。由于网上聊天也是互联网使用的重要功能之一,因此我们还是将此项目予以保留,暂时归入因素2。

三因素与总分的相关见表3-5。由于问卷的各项目分数未转化成因素分,而是用各项目的原始分数,因此各维度得分之间的相关不为零。结果表明,互联网使用偏好的三个维度之间有中等程度相关,与总分有较高相关。说明三个维度既有关联又有各自独立的作用。

至此形成由16个项目组成的《青少年互联网使用偏好问卷》(见附录2),用于正式测试。

表 3-5 问卷各因子与总问卷的相关分析（N=397）

因 子	信息交流	娱 乐	信息获得
娱乐	.342**		
信息获得	.480**	.158**	
问卷总分	.814**	.708**	.702**

** 0.01 水平显著. * 0.05 水平显著.

3.4 青少年互联网使用偏好量表的验证性因索分析

3.4.1 研究目的

对问卷进行测试，以确定问卷结构的合理性、对信度和效度进行检验。

3.4.2 样本

样本来自两所学校的 10 个班级，从小学四年级到初中二年级共 5 个年级的学生。正式调查对象 420 人，有效问卷 398 份，有效率 94.8%。被试的具体构成见表 3-6。

表 3-6 被试基本分布情况

性别	年级					合计
	小四	小五	小六	初一	初二	
男	47	42	45	30	35	199
	11.8%	10.6%	11.3%	7.5%	8.8%	50.0%
女	39	30	43	43	44	199
	9.8%	7.5%	10.8%	10.8%	11.1%	50.0%
合计	87	72	88	73	70	398
	21.6%	18.1%	22.1%	18.3%	19.8%	100%

取其中的三个班级(小五一个班、初二各两个班共 105 人)作为重测样本,间隔 55 天后进行重测。

3.4.3 研究工具

自编的《青少年互联网使用偏好问卷》,该问卷包含 3 个维度,共 16 个项目。

3.4.4 施测过程

以班级为单位施测(学生只需写学号),主试为经过培训的各班班主任。测试时间约 15—20 分钟。

3.4.5 数据处理

用 SPSS12.0 进行数据的录入和部分统计分析,用 LISREL8.8 进行验证性因素分析。

3.4.6 结果与分析

3.4.6.1 问卷的验证性因素分析与结构效度

根据 16 个项目的相关矩阵,采用极大似然估计,对三因素结构(互联网使用偏好由信息交流、娱乐、信息获得三个方面构成)进行验证性因素分析。

考虑到有学者将娱乐与交流聊天都称之为娱乐休闲类,因此,有可能娱乐偏好和信息交流偏好能合并为一个因子,即成为娱乐类和信息类两因素模型 M1。信息交流与信息获得的相关较高(0.480),因此我们也尝试将信息交流与信息获得并为一个因子,也成为信息类和娱乐类两因素模型 M2。而在第二次探索性因素分析中,由于"网上聊天"在娱乐偏好上负荷大于信息交流偏好,因此暂时将之归为娱乐因子,这是三因素模型M3。但是从含义上讲,网上聊天更多地代表着与人交流信息,因此我们在验证时尝试将"网上聊天"调整到信息交流偏好上,即为调整后的三因素模型M4。

四种模型示意图见图3-1至图3-4,各种模型的拟合指数见表3-7。

表3-7 四种模型的验证性因素分析的拟合指数(n=398)

模型	χ^2	df	χ^2/df	RMSEA	SRMR	GFI	NNFI	CFI	IFI
M1	5	103	5.09	.10	.084	.86	.87	.89	.89
M2	6	103	6.39	.12	.094	.83	.83	.85	.85
M3	3	101	3.62	.081	.078	.90	.90	.92	.92
M4	3	101	3.39	.078	.076	.90	.91	.93	.93

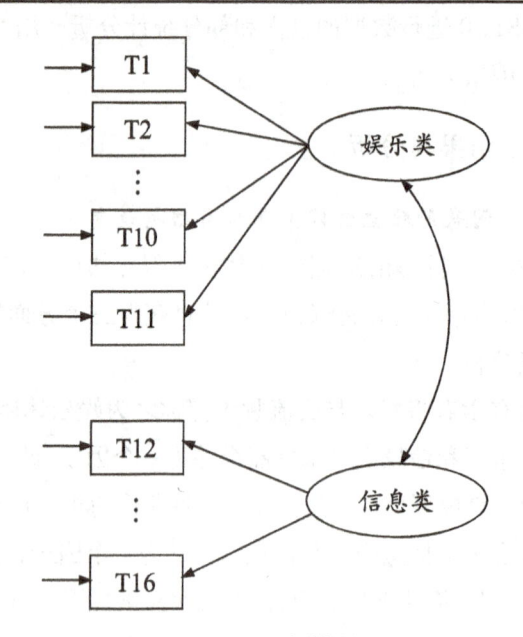

图3-1 两因素模型M1

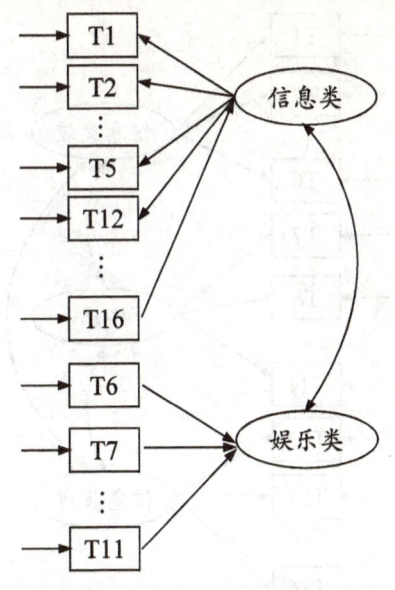

图 3-2　两因素模型 M2

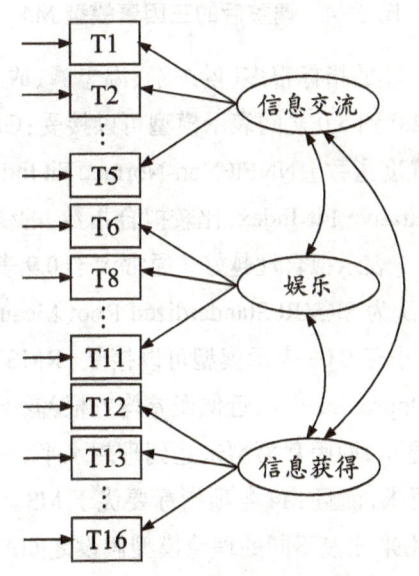

图 3-3　三因素模型 M3

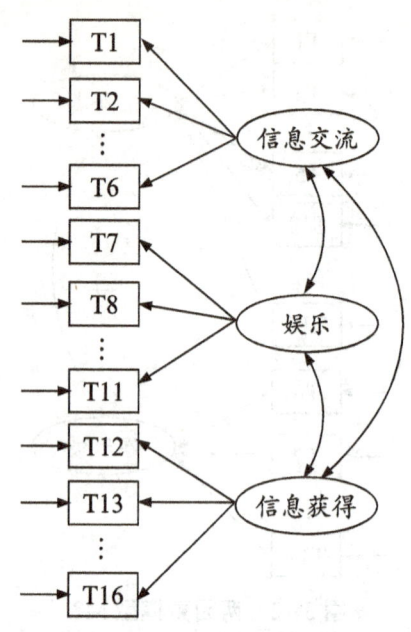

图 3-4 调整后的三因素模型 M4

衡量模型好坏的指标很多（侯杰泰、温忠麟、成子娟，2004），一般来讲χ^2/df在 2.0 到 5.0 之间表示模型可以接受；GFI(Goodness of Fit Index，拟合优度指数)、NNFI(Non-Normed Fit Index，非范拟合指数)、CFI(Comparative Fit Index，比较拟合指数)的变化范围在 0 到 1 之间，越接近 1 表示拟合性越好，通常大于 0.9 表示模型可以接受。另外，一般认为 SRMR(Standardized Root Mean Residual，标准化残差均方根)小于 0.08 表示模型可以接受，RMSEA（Root Mean Square Error of Qpproximation，近似误差均方根)低于 0.08 表示拟合较好。表 3-7 显示，两因素模型未达到理想水平，只有三因素模型达到所有指标要求，而且 M4 各项指标要优于 M3。

表 3-8 是用来比较不同的理论模型假设之间的拟合度差异的一些指数。

表 3-8　四种竞争模型比较

模型	$\Delta\chi^2$	ECVI	AIC	ΔAIC	CAIC	PGFI	PNFI
M1	181.92	1.49	590.54	177.74	755.09	.65	.74
M2	315.72	1.82	724.34	311.72	888.89	.63	.71
M3	23.18	1.10	435.80	23.18	610.33	.67	.75
M4	0	1.04	412.62	0	587.15	.67	.76

$\Delta\chi^2$是两个比较模型的χ^2之差，若$\Delta\chi^2/df$达到显著水平就说明两个模型的差异显著。在几个竞争模型中，EVIC、AIC的值越小表示模型拟合得越好。ΔAIC是若干竞争模型中较大的AIC值与最小的AIC值之差。若ΔAIC≤2时，此模型受到最大的支持；若4≤ΔAIC≤7时，该模型的支持力度减少；ΔAIC>10时，不能接受该模型。此外，PNFI(Parsimony Normed Fit Index)和PGFI(Parsimony Unbiased Goodness of Fit Index)是简约拟合指数，简约指数越大，表示简约性越好，即模型简单。如果两个模型的指数相同，比较复杂的模型对应的简约指数应该较低。根据以上模型选择的原则，表3-8的结果中唯一可接受的是调整后的三因素模型M4，其验证性因素分析结果见图3-5。验证性因素分析的结果表明，《青少年互联网使用偏好问卷》有较好的结构效度。

3.4.6.2　信度分析

信度分析结果显示，问卷有较好的内部一致性和稳定性(见表3-9)。信息交流、娱乐、信息获得三因子项目的内部一致性系数(Cronbach α系数)分别为0.808，0.701，0.692，整个问卷的内部一致性系数为0.821。问卷的分半信度为0.817。抽取小学五年级一个班、初中二年级各两个班105人，间隔55天后进行重测，三个分测验的重测信度分别为0.762，0.636，0.635，整个问卷的重测信度为0.704。

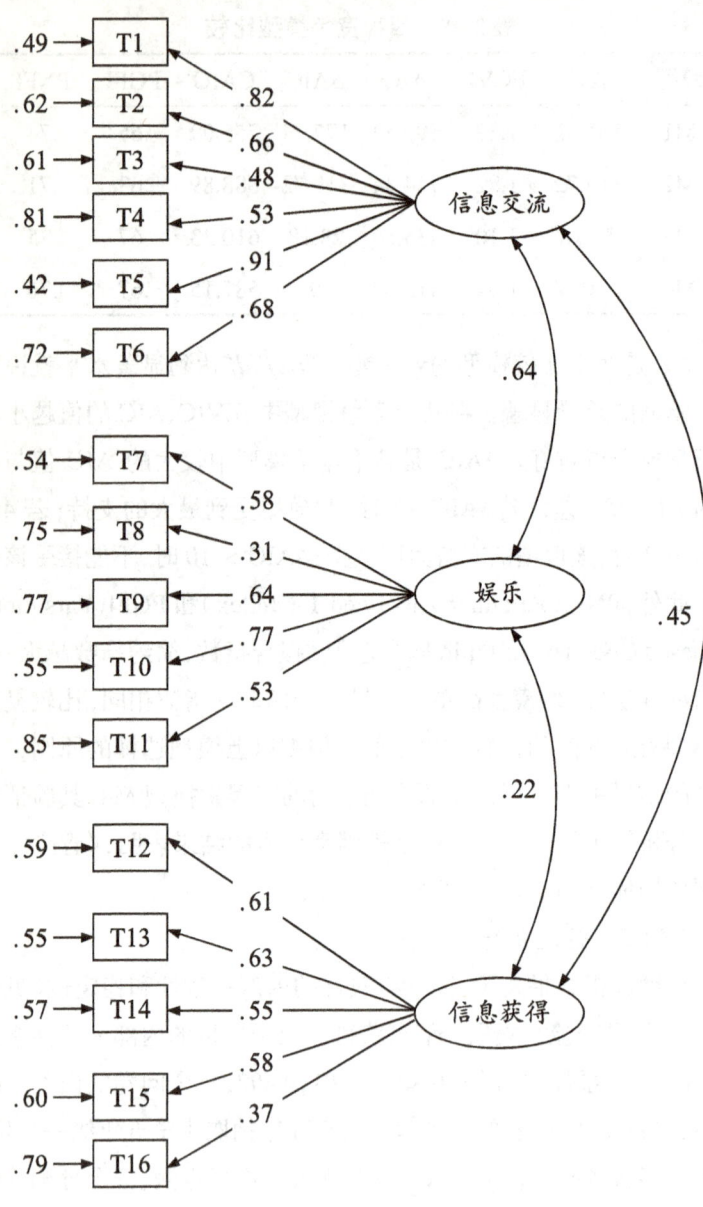

图 3-5　互联网使用偏好的三因素模型

表 3-9 问卷的内部一致性信度和重测信度

维度	信息交流	娱乐	信息获得	总问卷
一致性信度	.808	.701	.692	.821
重测信度	.762	.636	.635	.704

3.5 讨 论

3.5.1 青少年互联网使用偏好的分类

本研究从个别访谈入手,通过小规模试用到多次问卷测量,探讨了目前深圳市的青少年使用互联网的主要偏好。从探索性因子分析和验证性因子分析的结果看,青少年使用互联网的偏好主要是信息交流、娱乐和信息获得三种,基本与前人的统计和研究一致。青少年通过互联网进行信息交流的主要方式有网络聊天、个人空间或主页、邮件、论坛等,网上聊天是青少年流行的交流方式,QQ等聊天工具非常盛行;还有许多青少年在网上建立了自己的个人空间或主页,把它当作展示自己个性、与朋友交流的好地方;网上社区论坛也常常是青少年发表意见、交流看法的地方,有的学校还开设有自己的论坛(BBS),为全校学生的交流提供一个自由的平台。而在娱乐方面,青少年主要还是玩游戏:QQ游戏、虚拟宠物、在线小游戏以及泡泡堂等,本研究没有将之细分,统称为玩游戏;另外还有看网络影视、小说、漫画等都是目前青少年流行的娱乐休闲方式。至于应用互联网于信息获得和学习上,主要还是运用搜索引擎查找一些课程、研究或演讲所需的资料,上网校或网站学习等;有的则学习一些电脑技术、了解新闻事件、生活资讯等;这些都有利于青少年开阔眼界,获得更多知识。

前人的研究还有"生活助手"或"交易"一类,主要是网上银行、网上购物等功能,由于本研究的对象青少年年龄大约在9—13岁左右,很少使用这一类功能,因此本研究并未将此类功能纳入研究范围,这一点可能是青少年使用互联网与成人不同的地方之一。

3.5.2 青少年互联网使用偏好问卷的信度与效度

研究结果显示,问卷的内部一致性信度系数为0.821、分半信度为0.817、间隔55天的重测信度为0.704,各项信度指标均达到了测量学的要求,说明问卷比较稳定可靠。

验证性因素分析表明问卷有较理想的结构效度。

3.5.3 青少年互联网使用偏好问卷编制中的问题

在青少年互联网使用偏好问卷的编制中,最棘手的问题是多重负荷的问题。基本上被删去的"看图片"、"网上在线听音乐"、"下载音乐"等题目都是因为有多重负荷,而且有的在几个维度上都有负荷,但都小于.40。这也是与互联网使用的特殊性质有关,因为人们在使用互联网时常常是可以多个功能同时使用的,譬如可以在看新闻的同时跟朋友聊天,还可以同时下载软件或听音乐等。而且就是单一的某项使用功能,也可能有不同的目的,如看新闻,有时政新闻和娱乐新闻的区分;有的人发邮件是为了向老师请教问题,或者向别人索取一些资料,而有的纯粹是与朋友相互问候和交流,所以偏好之间是有交叉的。由于看图片、听音乐、下载音乐、玩宠物的活动常常是其他活动附带的,并非主要活动,并且有双重负荷现象,所以最终被删除。

另外就是在访谈中发现,有些学生使用的功能非常单一,有的就是玩游戏,有的主要是上 QQ、养宠物和玩 QQ 游戏,其他别的事情都不做,因此导致了"玩游戏"这一项目与其他娱乐项目的相关并不高,因此在娱乐偏好中的负荷并不是太高。

3.6 本章小结

(1)青少年互联网使用偏好主要是一个三维结构,由信息交流偏好、娱乐偏好和信息获得偏好组成,假设 H1 基本得到验证。

(2)自编的"青少年互联网使用偏好问卷"具有理想的信度和效度,符合心理测量学的技术要求,可作为进一步研究的工具。

通过本章的研究,总体假设 1 中有关青少年使用偏好的假设得到验证。

第4章
青少年信息技能评估量表的编制

4.1 本章研究目的与假设

4.1.1 本章研究目的

探讨青少年信息技能评估体系,编制用于评估青少年信息技能发展状况的量表,并对青少年信息技能的发展状况进行调查分析。

4.1.2 本章研究假设

H1:青少年信息技能是多维结构,主要包括信息的获取、加工和应用等方面。

H2:青少年的信息技能(a)随年级的升高而提高,(b)男生高于女生。

4.2 青少年信息技能评估指标体系的建立

4.2.1 青少年信息技能评估指标体系的架构

由于我国中小学的教育体系与国外差别较大,因此国外已有的信息素养评估标准,如1998年美国学校图书馆协会(AASL)和美国教育传播与技术协会(AECT)制定的学生学习的九大信息素养标准等只能用作参考。我国已有的评估标准主要有张铁墨(2005)的初中学生信息素养的模糊—绩效评价方法、刘孝文(2006)的信息素养评估指标体系、莫力科(2005)的大学生信息能力标准、赵静(2004)的信息商评估指标体系。但是上述一些国内的信息素养评估指标大多数是成人和大学生的,并不适用于中小学生,而且信息技能只是上述信息素养或信息能力评估体系的一个维度。因此,本文研究者参考了教育部颁发的《中小学信息技术课程指导纲要(试行)》,并对部分中小学教师和学生进行了深入地访谈,在此基础上对已有的一些信息素养评估标准进行了概括,剔除了不属于信息技能的部分、不适合中小学生的部分以及重复的部分,归纳而成中小学生信息技能的定义和3个维度、6个二级指标和13个三级指标。

信息技能是青少年通过获取信息、加工信息和应用信息来解决信息问题的一种认知技能,包括获取信息的技能、加工信息的技能和应用信息的技能。其中获取信息是指搜索信息和储存信息;加工信息是指评价信息和处理信息;应用信息是指使用信息和交流信息。本研究中,评估指标体系的构建即是在这三个维度的框架内来进行的,这三个维度即是信息技能评估的一级指标,见图4-1。

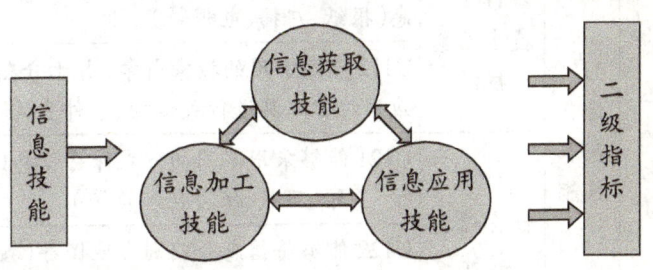

图4-1 青少年信息技能评估体系的框架

4.2.2 青少年信息技能评估指标体系构成

通过对三个维度进行分解和阐释获得二级指标,二级指标有:搜索信息的技能、储存信息的技能、评价信息的技能、处理信息的技能、使用信息的技能和交流信息的技能等6个方面。三级指标则是对每个二级指标的具体解释和说明,通过它将复杂抽象的问题量化体现出来,并可以直接转化为问卷上的题目进行测量。三级指标是否能充分体现上级指标的内涵,将对测评体系能否完全反映被测试者信息技能水平产生关键影响。指标要素构成见表4-1。

通过上述过程,研究者建立起一个结构严密、内容详细的青少年信息技能评估指标体系;维度框架从宏观上指明了评估标准的评价方向,即从哪些角度评价信息技能;三层指标结构是具体的评估内容,指出了达到评估体系的要求所应该达到的具体的素质要求。

表4-1 青少年信息技能构成指标体系

目标	一级指标	指标层	
		二级指标	三级指标
信息技能U	U1 信息获取技能	U11 搜索信息技能	U111 能够通过图书馆及多种媒体获得信息(报纸、广播、电视等)
			U112 熟悉常用的搜索引擎,并十分熟练应用搜索工具进行关键词、条件查询
		U12 储存信息技能	U121 能够采用不同的方式保存信息(摘抄、复印、下载、保存在邮箱等)
			U122 能够将信息分门别类地保存(按载体形态、学科、主题)

续表

U2 信息加工技能	U21 评价信息技能	U211 能够明确从信息资料的作者、出处、日期、组织机构、具体内容等多个角度判别信息资源的真实可靠性
		U212 能客观评价自己使用信息的效果
	U22 处理信息技能	U221 能够利用 Word 进行文字处理,组织、编辑各种需要的信息
		U222 能够利用数据处理类软件(如 Excel)对自己学习生活中的问题进行制表、计算等
		U223 能够利用相关软件,进行多媒体作品(如 PPT、动画等)的制作
U3 信息应用技能	U31 使用信息技能	U311 能利用所获取的信息支持和辅助自己的学习活动
		U312 能利用所获得的信息为日常生活提供便利
	U32 交流信息技能	U321 能够运用多种形式组织和表达所要交流的信息内容,如利用 Word 进行文字编辑、制作多媒体作品进行展示等
		U322 能够通过多种渠道、多种手段与外界交流自己获得的信息,如网上论坛、电话、公告栏、广播、邮件、聊天工具等

4.3 青少年信息技能评估指标体系的德尔菲法预测

德尔菲法(Delphi)是一种预测、评价、规划、决策的方法,具有广泛的代表性,较为可靠,是最为常用的专家咨询方法之一。作为一种主观、定性的方法,它不仅可以用于预测领域,而且可以广泛应用于各种评价指标体系的建立和具体指标的确定过程。评估指标体系建立之后,我们采用了德尔菲专家咨询方法,主要目的是征求专家对初步拟定的信息素养评估指标体系的意见和建议。

4.3.1 专家的选择

研究者将初步拟定的青少年信息技能评估指标体系制成专家咨询问卷(详见附录3),并采用亲自发放或电子邮件的方式进行专家咨询。咨询的专家主要选择中小学的教师,特别是那些从事信息技术教学与研究的教师,此外各学科教师、学校校长及教育、心理学等领域的专家也是咨询的对象。研究者共选择了30名专家,专家的选择考虑到学历、职称、专业等因素,所选专家具有一定的代表性;其中中小学信息技术教育教师9名、其他学科教师12名、中小学校长5名,以及教育、心理学等领域专家4名;年龄在25-52岁之间。共发放问卷30份,回收26份,有效问卷25份,有效率为83.3%。见表4-2。

表4-2 参加咨询的专家构成

	学科专业				职 称			学 历			
	信息技术	中小学学科教育	心理学	其他	副高及以上	中级或小学高级	初级及其他	博士	硕士	本科	大专
人数	9	12	3	1	6	13	6	4	4	15	2
比例	36%	48%	12%	4%	24%	52%	24%	16%	16%	60%	8%

4.3.2 第一次咨询结果

研究者将信息技能构成要素制成专家咨询问卷,见附录3。采用亲自发放与电子邮件相结合的方式进行专家咨询,同时在咨询过程中也就某些具体问题进行深度访谈。由于条件所限,主要请专家对所拟定的第一级和第三级构成要素的重要性进行评判,然后给出需要调整和补充的意见,最后给出各级构成要素的权重分数。具体咨询情况见表4-3、表4-4。

为了考察各等级要素的重要性,我们将评判等级"非常必要"、"必要"、"一般"、"不太必要"、"不必要"分别赋值"2"、"1"、"0"、"-1"、"-2",以此计算出每一项目的总分,见表4-3的最右侧一列。在对信息技能构成要素的三项一级指标判定中,认为"必要"和"非常必要"的占了绝大多数比重,信息获取技能、信息加工技能、信息应用技能分别得分是35、24和37,说明一级指标项目的设置是合适的。在13项三级指标的判定中,它们的被认可程度也都很高,只有"U212能客观评价自己使用信息的效果"一项被大部分专家评定为"一般"和"不太必要",而且总分只有9分,可见专家们都认为中小学生还不具备这方面的能力,或这方面的能力还比较弱;还有其他三项被部分专家评定为"一般",但得分都在14分以上。因此,研究者决定将"U212"能客观评价自己使用信息的效果"这项三级指标删去。总的来说,剩下的这些项目都抓住了信息技能的某些特征和内涵,将这些作为三级指标项目是合适的。那么,修改后青少年信息技能指标体系由3个维度、6个二级指标和12个三级指标组成。

在调查过程中,有专家提出,信息不仅是从电脑、网络中获得的,还有大量是从教科书、教辅材料、实验、课堂教学以及日常生活、参观、旅游和调查研究中获得;建议扩展信息技术课的内容。因此研究者考虑将"U111能够通过图书馆及多种媒体获得信息(报纸、广播、电视等)"修改为"U111能够通过图书馆和多种媒体以及多种途径获得信息"。

表4-3 专家对青少年信息技能评估体系的评判结果

青少年信息技能构成要素		非常必要	必要	一般	不太必要	不必要	总分
标准一：信息获取技能		12	11	2			35
U11 信息搜索技能	U111 能够通过图书馆及多种媒体获得信息（报纸、广播、电视等）	14	9	2			37
	U112 熟悉常用的搜索引擎，并十分熟练应用搜索工具进行关键词、条件查询	12	10	3			34
U12 信息储存技能	U121 能够采用不同的方式保存信息（摘抄、复印、下载、保存在邮箱等）	5	20				30
	U122 能够将信息分门别类地保存（按载体形态、学科、主题）	11	10	3	1		31
标准二：信息加工技能		5	15	4	1		24
U21 信息评价技能	U211 能够明确从信息资料的作者、出处、日期、组织机构、具体内容等多个角度判别信息资源的真实可靠性	2	12	9	2		14
	U212 能客观评价自己使用信息的效果	3	6	13	3		9
U22 信息处理技能	U221 能够利用word进行文字处理，组织、编辑各种需要的信息	6	15	4			27
	U222 能够利用数据处理类软件（如EXCEL）对自己学习生活中的问题进行制表、计算等	2	12	11			16
	U223 能够利用相关软件，进行多媒体作品（如PPT、动画等）的制作	4	8	12	1		15

续表

标准三：信息应用技能		13	11	1		37
U31 信息使用技能	U311 能利用所获取的信息支持和辅助自己的学习活动	12	10	3		34
	U312 能利用所获得的信息为日常生活提供便利	8	15	2		31
U32 信息交流技能	U321 能够运用多种形式组织和表达所要交流的信息内容，如利用word进行文字编辑、制作多媒体作品进行展示等	2	16	7		20
	U322 能够通过多种渠道、多种手段与外界交流自己获得的信息，如网上论坛、电话、公告栏、广播、邮件、聊天工具等	5	12	7	1	21

为了得到各级构成要素的权重分数，我们同时还请各专家按照各因素在100分中应占的比例给出权重值。由于专家给出的分数相差较大，因此取最下层要素即三级指标的众数作为最后的结果，见表4-4。

4.3.3 第二次咨询结果

研究者将第一次咨询得到的结果及权重分数再次制成专家咨询问卷，见附录4。采用亲自发放与电子邮件相结合的方式进行第二次专家咨询，请专家对第一次得到各级指标的权重分数进行评判。

第二次咨询的专家同上次，共发放25份问卷，回收23份，有效问卷为21份，有效率为84%。这一次，所有专家对第一次咨询得到的指标体系都没有不同意见;对于第一次咨询得到的权重分数,有15位专家完全同意,有5位专家对其中的1-3个三级指标的权重分数有不同意见,有1位专家对大多数权重分数有不同意见。最后取所有专家给出的权重分数的众数,仍与第一次结果相同(见表4-4)。

至此,所有专家对于我们得到的青少年信息技能评估体系持相同意见,大部分专家对于我们得到的权重分数持相同意见。

表4-4 专家对青少年信息技能评估体系的权重分析结果

青少年信息技能构成要素权重分析

一级指标	在总分(100)中应占比例%	二级指标	在总分(100)中应占比例%	三级指标	在总分(100)中应占比例%
U1信息获取技能	40	U11信息搜索技能	20	U111 能够通过图书馆及多种媒体获得信息(报纸、广播、电视等)	10
				U112 熟悉常用的搜索引擎,并十分熟练应用搜索工具进行关键词、条件查询	10
		U12信息储存技能	20	U121 能够采用不同的方式保存信息(摘抄、复印、下载、保存在邮箱等)	10
				U122 能够将信息分门别类地保存(按载体形态、学科、主题)	10

续表

U2 信息加工技能	30	U21 信息评价技能	5	U211 能够明确从信息资料的作者、出处、日期、组织机构、具体内容等多个角度判别信息资源的真实可靠性	5
		U22 信息处理技能	25	U221 能够利用word进行文字处理，组织、编辑各种需要的信息	10
				U222 能够利用数据处理类软件（如EXCEL）对自己学习生活中的问题进行制表、计算等	5
				U223 能够利用相关软件，进行多媒体作品（如PPT、动画等）的制作	10
U3 信息应用技能	30	U31 信息使用技能	15	U311 能利用所获取的信息支持和辅助自己的学习活动	10
				U312 能利用所获得的信息为日常生活提供便利	5
		U32 信息交流技能	15	U321 能够运用多种形式组织和表达所要交流的信息内容，如利用word进行文字编辑、制作多媒体作品进行展示等	10
				U322 能够通过多种渠道、多种手段与外界交流自己获得的信息，如网上论坛、电话、公告栏、广播、邮件、聊天工具等	5

4.4 青少年信息技能评估指标体系的测试检验

得到青少年信息技能评估指标体系的各项指标及权重分数后,研究者将信息技能评估体系的第三层指标转化为相应的测试题目,通过调查问卷的方法开展信息技能测试。通过指标体系在测试中的应用,收集反馈信息,检验我们构建的评估指标体系的可行性以及科学性,并根据反馈情况对指标体系做出针对性的修改和调整。

4.4.1 问卷的研究设计

4.4.1.1 项目的编制

根据初步拟订的青少年信息技能评估指标体系,并参照部分大、中小学生信息技能调查实例,研究者将指标体系中第三级指标的内容,转化成青少年信息技能评估测试的初始项目(见附录5)。3名心理学专业硕士研究生、7名心理学专业博士研究生共同对照评估指标体系的三级评估指标体系对项目的含义进行剖析,删除和修改引起歧义的项目,并对记分方式给出了合适的建议,最后形成15题的初步问卷(见附录6),其中单项选择题10题,多项选择题5题。

由于李克特量表比较容易设计和处理,也容易被测试对象理解,因此大部分单项选择题采用4级顺序李克特量表,主要由被试自己报告自己达到的水平,按照重要程度递增排列选项,并根据此题的权重分数递增记分;如四个选项:不擅长、一般、比较擅长、十分擅长,分别赋值0、1、2、3分,最后转化为权重分。而只有一个正确答案的单项选择题,选对答案给分,其余的记0分(该题最后删去)。

对于多项选择题的选项设置中，尽量做到每个选项的重要程度相当，并对每个选项赋值1分，最后再转化为权重分。

4.4.1.2 项目的小规模测试及修订

在两所学校中分别抽取小学四、五年级各1个班，初一年级1个班、初二年级2个班共231名学生，对项目进行小规模的试用；并在8名初一和初二的学生中进行小组焦点访谈，主要是考察中小学生是否有阅读和理解方面的障碍，以及对选项是否还有补充。在小规模问卷试测和小组焦点访谈的基础上对题目进行再次修改和文字调整，使项目表述的内容更贴近中小学生的实际使用情况。例如，根据学生的建议，将13题"我会用以下手段对它进行加工"改为"我会用以下手段对它进行整理修改，以便与他人交流"，其中选项"PPT演示文稿"改为学生常说的"幻灯片"等；并对其中一些多项选择题的选项进行了删除和修改，补充了一些新的选项，再进一步进行问卷的试测与修订。

4.4.2 项目分析及问卷的形成

研究目的：对编制的青少年信息技能评估问卷进行试测，通过统计分析修订问卷的项目并形成正式问卷。

4.4.2.1 被试与调查过程

调查对象为"小荷作文网"的会员，被试与研究一第一次试测的被试相同。研究者为平衡性别比例，先从小学四年级到初中二年级的男生随机抽取了约1/2的被试，再从同样群体的女生中抽取人数大致相同的被试，最后共抽取了被试522名被试。其基本分布特征见表4-5。

在调查进行之前，网站对调查进行了宣传和介绍，以取得参与者的理解和信任。考虑到有部分学生可能会对一些文字有不理解的地方,因此在调查的最后留下空白请学生提出的疑问,以便对问卷进行修改。

表4-5 问卷试测被试基本分布情况

性别	年级					合计
	小四	小五	小六	初一	初二	
男	27	39	58	71	66	261
	5.2%	7.5%	11.1%	13.6%	12.6%	50%
女	27	39	58	71	66	261
	5.2%	7.5%	11.1%	13.6%	12.6%	50%
合计	54	78	116	142	132	522
	10.4%	15.0%	22.2%	27.2%	25.2%	100%

4.4.2.2 测试项目分析

将522份试卷按原始总分的高低次序排列,然后从最高分数的人开始向下取27%(141人)为高分组,再从最低分数的人开始向上取27%(141人)为低分组;计算高分组、低分组在每一题的得分率,再按照难度=平均分/满分、鉴别指数=高分组得分率-低分组得分率的计算公式,求出每道一测题的难度与鉴别指数,也有人用项目分数与总分的相关作为区分度,结果见表4-6。

如表4-6所示,第10题难度为0.28,鉴别指数为0.33,项目分数与总分的相关为0.27,难度较高,区分度较低,因此予以删去;第15题,难度为0.28,比较高,并且有学生反映与13题有重复的部分,因此予以删去。其余题目的难度 P 区间分布在0.33到0.70之间,鉴别指数在0.32以上,项目的题总相关在0.49和0.70之间,均比较合适,予以保留,最后形成13题的问卷(见附录6),用于正式测试。

表 4-6　青少年信息技能评估问卷项目分析结果

题号	P(难度)	鉴别指数	题总相关	题号	P(难度)	鉴别指数	题总相关
1	.70	.48	.49	9	.61	.48	.61
2	.47	.54	.51	10	.28	.33	.27
3	.49	.50	.55	11	.39	.39	.73
4	.70	.56	.56	12	.33	.34	.67
5	.51	.61	.60	13	.35	.32	.61
6	.44	.56	.53	14	.35	.37	.73
7	.70	.44	.51	15	.28	.31	.72
8	.46	.53	.57				

4.5　问卷的实施与信度、效度分析

4.5.1　研究目的

在较大范围进行测试,以确定问卷结构的合理性、对信度和效度进行检验。

4.5.2　样本

样本来自深圳市城区的6所普通中小学的29个班级,从小学四年级到初中二年级共5个年级的学生。每所学校按其规模大小在每个年级抽取1到3个班级。正式调查对象1280人,删除随意回答、缺损值较多的问卷后,得到有效问卷1273份,有效率99.5%。被试的具体构成见表4-7。

表 4-7　正式调查被试基本分布情况

性别	年级					合计
	小四	小五	小六	初一	初二	
男	146	144	140	112	107	649
	11.5%	11.3%	11.0%	8.8%	8.4%	51.0%
女	115	95	125	131	158	624
	9.0%	7.5%	9.8%	10.3%	12.4%	49.0%
合计	261	239	265	243	265	1273
	20.5%	18.8%	20.8%	19.1%	20.8%	100%

取其中 2 所学校的两个班级(小五、初二各一个班)作为重测样本,间隔 55 天进行重测。

4.5.3　研究工具

自编的《青少年信息技能评估问卷》,该问卷包含 3 个维度,共 13 个项目,其中信息获取技能 4 题,信息加工技能 4 题,信息应用技能 5 题。

4.5.4　施测过程

以班级为单位施测(学生只需写学号),主试为经过培训的学生班主任。测试时间约为 15-20 分钟。

4.5.5　信度分析

信度分析结果显示,问卷有较好的内部一致性和稳定性(见表 4-8)。信息获取技能、信息加工技能、信息应用技能三个分量表的内部一致性系数(Cronbach α 系数)分别为 0.711,0.684,0.620,整个问卷的内部一致性系数为 0.807。问卷的分半信度为 0.810。抽取小学五年级、初中二年级各一个班,有效被试共 92 人,间隔 55 天后进行重测,三个分测验的重测信度分别为 0.648,0.636,0.608,整个问卷的重测信度为 0.712。

表 4-8 问卷的内部一致性信度和重测信度

维度	信息获取技能	信息加工技能	信息应用技能	总问卷
一致性信度	.711	.684	.620	.807
重测信度	.648	.636	.608	.712

三维度与总分的相关见表 4-9。问卷的各项目分数用的是各项目的原始分数,因此各维度得分之间的相关不为零。结果表明,信息技能的三个维度之间有中等程度相关,与总分有较高相关。说明三个维度既有关联又有各自独立的作用。

表 4-9 问卷各维度与总问卷的相关分析(N=1273)

维度	信息获得技能	信息加工技能	信息应用技能
信息加工技能	.471**		
信息应用技能	.571**	.499**	
问卷总分	.839**	.819**	.804**

** 0.01 水平显著. * 0.05 水平显著.

4.5.6 效标效度分析

由于信息技能与中小学信息技术教育课关系密切,而且本问卷在编制时也参考了教育部颁发的《中小学信息技术课程指导纲要(试行)》,还征求了一部分信息技术课教师的意见,因此,拟采用学生信息技术课的期评分数作为效标计算关联效度。

研究者在正式问卷实施的一所小学期末考试后取得了 194 名

被试(具体分布情况见表 4-10)的信息技术课的期评分数。由于学生信息技术课分数为等级分数,因此在 SPSS12.0 上计算信息技能分数与信息技术课期评等级分数的质与量相关,可以得到两个 Eta 值,一个是将信息技能分数作为因变量,一个是将信息技术课期评等级分数作为因变量,并利用皮尔逊积距相关的检验方法进行显著性检验。Eta 的平方表示组间平方和所解释的因变量方差的比例。以信息技能分数作为因变量得到的 Eta = 0.324,P = 0.001<0.01;以信息技术课期评等级分数作为因变量得到的 Eta = 0.995,P = 0.000<0.01。这说明信息技能分数与信息技能课期评等级分数在 0.01 水平有显著的正相关。

表 4-10 效标效度被试基本分布情况

性别	年级 小四	年级 小五	年级 小六	合计
男	34	28	45	107
	17.5%	14.4%	23.2%	55.2%
女	37	14	36	87
	19.1%	7.2%	18.6%	44.8%
合计	71	42	81	194
	36.6%	21.6%	41.8%	100%

4.6 青少年信息技能总体状况分析

4.6.1 青少年信息技能总体状况

青少年信息技能均分为 49.24,标准差为 15.84,略呈正态分布(见表 4-11,图 4-1)。

表 4-11 青少年信息技能的总体状况

平均数	中数	众数	标准差	全距	最大值	最小值	偏度	峰度
49.24	49.93	42.98	15.419	83.14	86.12	2.98	−0.529	0.137

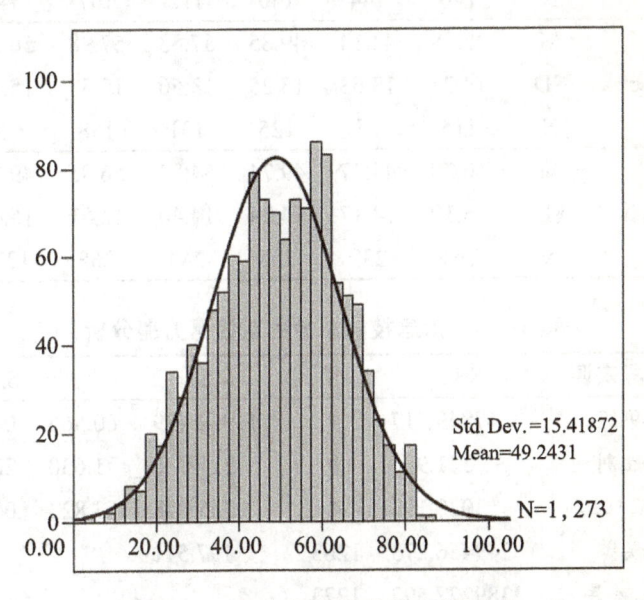

图 4-1 青少年信息技能总体分布

4.6.2 不同性别和年级的青少年信息技能状况

4.6.2.1 信息技能总分

双因素方差分析表明,不同年级的信息技能总分有显著差异,随着年级的上升,信息技能总分呈上升趋势;信息技能总分在性别上没有显著差异;但年级与性别之间存在交互作用,初一年级女生的信息技能总分高于男生,其他年级的信息技能总分差异不显著(见表 4-12、4-13、图 4-2)。

表4-12　不同年级不同性别学生的信息技能总分差异描述统计

		小四	小五	小六	初一	初二	总体
男	M	41.77	44.53	49.63	51.68	55.18	48.00
	SD	15.75	14.56	13.33	14.83	14.85	15.39
	N	146	144	140	112	107	649
女	M	38.38	44.14	49.85	57.53	57.98	50.54
	SD	14.28	13.63	15.25	13.50	10.53	15.35
	N	115	95	125	131	158	624
总体	M	40.28	44.37	49.74	54.83	56.85	49.24
	SD	15.19	14.17	14.24	14.40	12.51	15.42
	N	261	239	265	243	265	1273

表4-13　信息技能总分的双因素方差分析

差异来源	SS	df	MS	F	Sig.
年级	47849.717	4	11962.429	60.566	.000
性别	321.986	1	321.986	1.630	.202
年级*性别	3020.193	4	755.048	3.823	.004
误差	249456.273	1263	197.511		
总差异	3389277.597	1273			

a　R Squared = .175（Adjusted R Squared = .169）

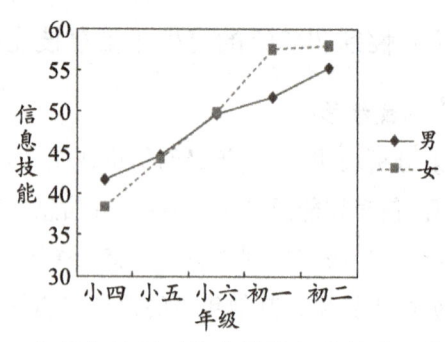

图4-2　年级与性别对信息技能总分的交互作用图解

4.6.2.2 信息获取技能

双因素方差分析表明,不同年级的信息获取技能有显著差异,随着年级的上升,信息获取技能呈上升趋势;信息获取技能在性别上有较显著差异;年级与性别之间存在交互作用,初一年级女生的信息获取技能高于男生,其他年级的信息获取技能差异不显著(见表 4-14、4-15、图 4-3)。

表 4-14 不同年级不同性别学生的信息获取技能差异描述统计

		小四	小五	小六	初一	初二	总体
男	M	14.16	16.24	18.43	19.64	21.07	17.63
	SD	6.56	5.95	5.87	6.42	6.42	6.68
	N	146	144	140	112	107	649
女	M	12.78	16.29	18.86	22.52	22.66	19.08
	SD	5.90	5.84	6.12	5.69	5.05	6.82
	N	115	95	125	131	158	624
总体	M	13.56	16.26	18.63	21.07	22.02	18.34
	SD	6.31	5.89	5.98	6.42	5.68	6.78
	N	261	239	265	243	265	1273

表 4-15 信息获取技能双因素方差分析

差异来源	SS	df	MS	F	Sig.
年级	12074.667	4	3018.667	84.576	.000
性别	158.426	1	158.426	4.439	.035
年级*性别	646.132	4	161.533	4.526	.001
误差	45078.572	1263	35.692		
总差异	486551.678	1273			

a R Squared = .229 (Adjusted R Squared = .223)

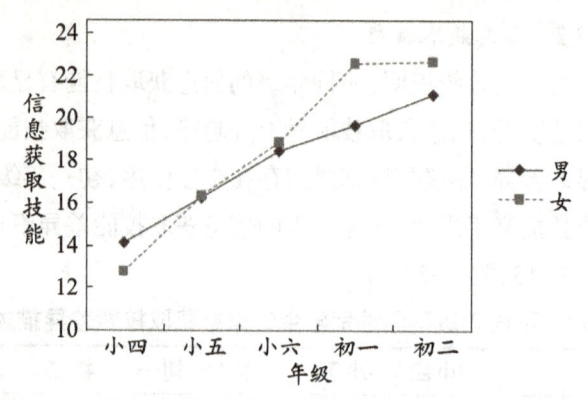

图 4-3　年级与性别对信息获取技能的交互作用图解

4.5.8.3　信息加工技能

双因素方差分析表明,不同年级的信息加工技能有显著差异,随着年级的上升,信息技能呈上升趋势;信息加工技能在性别上有较显著差异;年级与性别之间存在交互作用,小学四、五、六年级的男生信息加工技能高于女生,初一年级女生的信息加工技能高于男生(见表 4-16、4-17、图 4-4)。

表 4-16　不同年级不同性别学生的信息加工技能差异描述统计

		小四	小五	小六	初一	初二	总体
男	M	15.90	16.41	17.35	17.31	18.58	17.01
	SD	7.24	7.30	6.62	6.78	6.35	6.94
	N	146	144	140	112	107	649
女	M	13.91	14.02	16.17	18.55	18.97	16.63
	SD	6.73	7.28	7.14	6.73	5.17	6.87
	N	115	95	125	131	158	624
总体	M	15.03	15.46	16.79	17.98	18.81	16.83
	SD	7.07	7.37	6.88	6.77	5.67	6.91
	N	261	239	265	243	265	1273

表 4-17 信息加工技能双因素方差分析

差异来源	SS	df	MS	F	Sig.
年级	2793.903	4	698.476	15.416	.000
性别	192.042	1	192.042	4.238	.040
年级*性别	586.631	4	146.658	3.237	.012
误差	57226.111	1263	45.310		
总差异	421079.076	1273			

a R Squared = .057（Adjusted R Squared = .050）

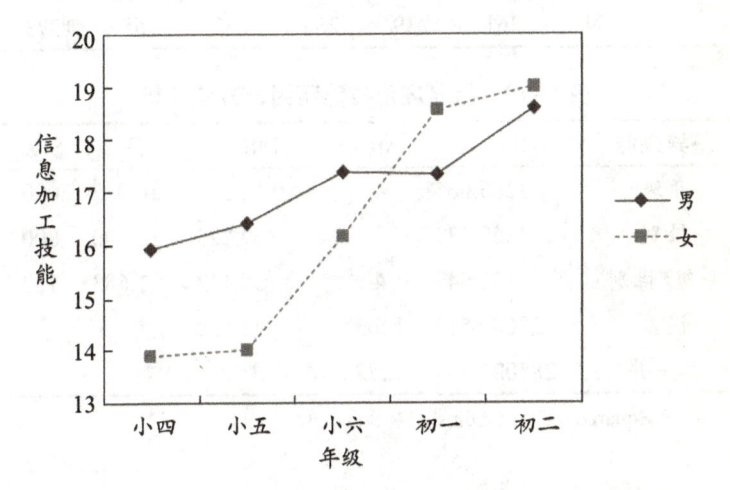

图 4-4 年级与性别对信息加工技能的交互作用图解

4.5.8.4 信息应用技能

双因素方差分析表明，不同年级的信息应用技能有显著差异，随着年级的上升，信息技能呈上升趋势；信息应用技能在性别上有显著差异，女生的信息应用技能高于男生；年级与性别之间不存在交互作用（见表 4-18、4-19）。

表4-18 不同年级不同性别学生的信息应用技能差异描述统计

		小四	小五	小六	初一	初二	总体
男	M	11.70	11.88	13.86	14.73	15.53	13.36
	SD	4.88	5.06	4.37	5.23	5.06	5.12
	N	146	144	140	112	107	649
女	M	11.68	13.83	14.82	16.46	16.35	14.82
	SD	4.99	4.31	5.00	4.59	4.10	4.91
	N	115	95	125	131	158	624
总体	M	11.69	12.66	14.31	15.66	16.02	14.08
	SD	4.92	4.86	4.70	4.97	4.52	5.07
	N	261	239	265	243	265	1273

表4-19 信息应用技能两因素方差分析

差异来源	SS	df	MS	F	Sig.
年级	3265.065	4	816.266	36.035	.000
性别	369.223	1	369.223	16.300	.000
年级*性别	152.449	4	38.112	1.683	.152
误差	28609.513	1263	22.652		
总差异	285026.534	1273			

a R Squared = .125（Adjusted R Squared = .119）

4.7 讨 论

4.7.1 青少年信息技能的结构

我国《中小学信息技术指导纲要(试行)》明确指出：中小学信息技术课程的主要任务是：通过信息技术课程使学生具有获取信息、

传输信息、处理信息和应用信息的能力,教育学生正确认识和理解与信息技术相关的文化、伦理和社会等问题,负责任地使用信息技术。本研究根据我国青少年的信息技能发展的实际状况,首先通过对国内外文献的分析与总结,提出青少年信息技能指标体系,再运用德尔菲法请专家对指标体系进行评估和修改,并给予评分权重;然后根据指标体系设计出相应的题目,经过学生访谈和小规模使用修改题目,再根据试测结果进行项目分析,最后通过大规模调查进行信度和效度分析。从两次专家咨询问卷的结果来看,青少年的信息技能的三个维度:信息获取技能、信息加工技能和信息应用技能是得到专家们的认同的。青少年信息技能的结构与对大学生和成人的研究结果相似,但其二级指标和三级指标稍有不同。例如青少年辨识各种信息源的能力、对信息的判断和评价能力等还较弱,对信息的深层次加工、重组和创造能力等也较为有限,因此这些方面的能力并非青少年信息技能评估的要点或重点。

4.7.2 青少年信息技能评估问卷的信度与效度

研究结果显示,问卷的内部一致性信度系数为 0.807、分半信度为 0.810、间隔 55 天的重测信度为 0.712,各项信度指标均达到了测量学的要求,说明问卷比较稳定可靠。

效标效度分析表明问卷的效标效度尚可。本问卷的效标测量是信息技术课对学生的一个等级评定,目前我国中小学信息技术课对学生也没有统一的考试,评价的方法也只是教师出一些简单的题目(如制作一个小动画)或根据平时课堂作业的表现给一个等级评分,主观性和随意性很强,因此将其作为本问卷的效标测量可靠性不足,这可能是所编制的信息技能评估问卷的效度不够理想的一个原因,以后可以寻找更合适的效标来对问卷的效度进行评定。

4.7.3 青少年信息技能问卷编制中的问题

本问卷主要是由学生本人来填写问卷,报告自己信息技能的情况,属于自我评估。由于中小学生自我评价的能力不高,所以准确性有限。如果自我评估再加上老师、同学的综合评价,可能更为科学。我国也有人(张铁墨,2005)曾尝试将学生家长、同学及学生自己都加入评价人员的行列,打破了教师评价的唯一性,也比自我报告法更具客观性,但是该评价方法实施起来比较繁琐,评价人员需求很多,人工计算工作量大而且很难,也易出错,而且由于涉及模糊数学的运算,也增加了评价难度。因此目前来讲,自我报告法还是一种比较简便易行的办法。

国外由于对学生信息素养和信息技能的培养比较系统,而且他们的信息素养教育常常是和学科教育结合在一起,因此他们对学生的信息素养或信息技能的评估一般是和某个学科的学习结合在一起,如给学习小组一项课题或任务,由他们自己利用各种信息资源搜索可用的各类信息,并进行分析和总结,最后给出一个综合报告,由此评价学生的信息获取、加工和应用的综合能力。例如前面提到的美国科罗拉多州教师开发了适用于十至十一年级学生的评价方案,他们要求学生从印刷品、电子作品、口头信息中收集大量的信息,并评价每个资料来源的可信度,然后展示他们对这些信息的理解,还要学会在注释中写参考书目。最后教师通过评价学生使用媒体工具的能力、批判性思维的能力等全面评估学生的信息素养水平。这种评价模式需要的时间比较长,在我国大学生中进行应该比较可行,对我国中小学生来讲,难度比较大,普及性不高。我国信息素养、信息技能的教育目前相对比较单一,只是通过信息技术课进行,能够与学科学习结合进行的还相对较少,而且我国地域辽阔,东西南北教育发展并不均衡，贫困落后地区的信息技术教育非常薄弱，以后随着信息素养教育的深入和推进，应该会发展出更加科学、有效的针对信息素养或信息技能的评估方案。

4.7.4 青少年信息技能的总体状况与特点

本研究测得的信息技能的总体情况表明，"青少年信息技能评估问卷"较好地反映了青少年信息技能的实际情况。从总体情况来看，青少年的信息技能水平不高，均分为49.24，稍呈负偏态（偏度系数为-0.529），接近正态分布（见图4-1）。而整个问卷得分的最低值为2.98，最高值为86.12，中数为49.93。信息技能的平均数与问卷得分的中数相差不多。

我们可以看到，随着年级的上升，信息技能有上升趋势，这说明，随着学生年龄的增加和受教育的年限增加，信息技能也在不断提高。以往在人们的印象中，对于电脑的使用以及技术方面，女生要弱于男生，但本次调查发现信息技能在性别总体上没有差异，这可能得益深圳市信息技术教育的普及。深圳是全国信息化试点城市，教育部确定的"全国中小学信息技术教育实验区"，广东省政府确定的全省教育信息化龙头城市。深圳市从2002年秋季开始小学三年级以上开设信息技术必修课，每周一节，开课率达97%。这标志着全市普及信息技术教育，9岁以上的孩子能使用计算机，12岁以上的孩子会使用国际互联网并利用网上资源学习，比国家规划时间提前了9年。从2004年秋季开始，深圳市从小学一年级开始开设信息技术必修课。通过学校开展信息技术的教育，信息技术的性别差异消失了。这说明，随着教育的普及和提高，在性别方面的"数字鸿沟"（digital divide）将会消失。

但不同年级的女生与男生的信息技能存在差异。例如，虽然小学四、五、六年级男生的信息加工技能高于女生,但是初一年级的女生信息技能总分、信息获取技能、信息加工技能均高于男生;而且总体来讲,女生的信息应用技能高于男生。据了解,深圳市小学四、五、六年级信息技术课程的主要内容是学会制作Flash,用Frontpage制作网页,以及各种包括Word、Excel、Powerpoint、Flash在内的综合练习,网页的制作和综合练习正是使用信息与交流信息等信息技能的具体应用,因此男生对信息进行处理如使用各种软件的技能得到提高;而女生的信息应用技能得到提高,即女生更多使用信息技能辅助学习和日常生活与交流活动,这些差别也与人们日常生活中对于男生对技术更感兴趣、女生对应用更感兴趣的印象相同。随后的研究三关于互联网的使用情况也印证了这一点,女生比男生更倾向于使用互联网信息获得的功能(主要用于学习),小学六年级开始女生更倾向于使用互联网进行交流,这也需要信息交流的技能。而初中一年级的信息技术教育课的主要内容是信息技术综合知识、Word、Excel、Powerpoint的技巧的提高以及如何认识、使用互联网、如何制作网站等。这些知识综合了信息技能的获取、加工和应用的技能,可能使得一些小学阶段没有受到良好的信息技术教育或者对小学期间对信息技术不感兴趣的女生再次受到信息技术教育的普及,信息技能得到普遍提高。

可见,小学四年级是女生信息应用技能发展的关键期,初一年级是女生信息获取技能、信息加工技能发展的关键期,这几个时期女生的信息技能得到迅速发展,可以赶超男生。但是,由于在小学、初中阶段,信息应用的水平不是很高,对信息的深层次加工、重组和创造不是我们信息应用能力考察的重点,所以,这并不能说明以后高中、大学阶段女生的信息技能一定就比男生高,因为到了初二阶段,信息技能就基本没有性别差异了。

4.8 本章小结

(1)青少年的信息技能是一个三维结构,由信息获取技能、信息加工技能、信息交流技能三个方面组成,假设 H1 基本得到验证。

(2)青少年信息技能问卷的信度、效度基本符合心理测量学的基本技术要求,可作为进一步研究的工具。

(3)青少年的信息技能总分随年级的升高而提高;但信息技能总分性别主效应不显著;年级与性别之间存在交互作用,其中初一年级女生的信息技能总分高于男生的,其他年级则没有差异。假设 H2 得到部分验证。

随着年级的上升,信息获取技能、信息加工技能和信息应用技能均呈上升趋势;总体来讲,女生的信息应用技能高于男生;另外,初一年级女生信息获取技能、信息加工技能的分数均高于男生的,小学四、五、六年级男生的信息加工技能高于女生的。

通过本章的研究,总体假设 1 和总体假设 2 中有关青少年信息技能的假设得到部分验证。

第5章
青少年互联网使用状况调查

5.1 本章研究目的与假设

5.1.1 本章研究目的

了解青少年互联网使用的总体状况与发展特点,主要包括青少年的上网地点、每周上网次数、每次上网时间、网龄、父母对青少年使用互联网的管理方式、每周使用总时间和使用偏好的人口学差异等。

5.1.2 本章研究假设

H1:青少年的互联网使用时间存在着年级差异、性别差异和二者的交互作用。

H2:青少年互联网使用的信息交流偏好存在着年级差异、性别差异和二者的交互作用。

H3:青少年互联网使用的娱乐偏好存在着年级差异、性别差异和二者的交互作用。

H4:青少年互联网使用的信息获得偏好存在着年级差异、性别差异和二者的交互作用。

5.2 研究方法

5.2.1 被试与调查过程

调查对象来自深圳市城区的 6 所普通中小学的 29 个班级，从小学四年级到初中二年级共 5 个年级的学生。每所学校按其规模大小在每个年级抽取 1 到 3 个班级。正式调查对象 1280 人，删除随意回答、缺损值较多的问卷后，得到有效问卷 1277 份，有效率 99.7%。被试的具体构成见表 5-1。

表 5-1 被试基本分布情况

性别	小四	小五	小六	初一	初二	合计
男	147	145	141	113	108	654
	11.5%	11.4%	11.0%	8.8%	8.5%	51.2%
女	116	95	124	130	158	623
	9.1%	7.4%	9.7%	10.2%	12.4%	48.8%
合计	263	240	265	243	266	1277
	20.6%	18.8%	20.8%	19.0%	20.8%	100%

调查问卷为自编的《青少年互联网使用情况调查问卷》和自编的《青少年互联网使用偏好问卷》。以班级为单位施测（学生只需写学号），主试为经过培训的各班班主任。测试时间约 15-20 分钟。

5.2.2 统计方法

用 SPSS12.0 进行数据的录入和统计分析。

5.3 结果与分析

5.3.1 青少年互联网使用的总体状况

5.3.1.1 硬件环境

调查表明,1277 名青少年中,家中有电脑的共有 1227 名,占 96.1%;家中可以方便地上网的有 1029 名,占 80.6%。

大部分青少年(89%)主要在家中上网,只有少数在学校、父母单位等其他地方上网(见表 5-2)。

表 5-2 青少年主要上网地点

	在自己家里	在同学朋友或亲戚家里	在学校的电脑房	在父母的工作单位	在网吧	未回答	合计
人数	1136	59	31	37	8	6	1277
百分比	89	4.6	2.4	2.9	0.6	0.5	100%

5.3.1.2 上网次数与时间

青少年平均上网次数为平均每周 2.5 ± 2.4 次,最多每天达 3 次以上,最少是一个月 1 次或以下(见表 5-3)。其中小学高年级学生为每周 2.4 ± 2.4 次,中学生为 2.7 ± 2.2 次。

表 5-3 青少年上网次数统计表

	一月1次或以下	一月2次	每周1次	每周2次	每周3次	每周4次	每周5次	每周6次	每天1次	每天2次	每天3次及以上	未回答	合计
人数	112	101	293	318	172	80	46	38	97	13	2	5	1277
百分比	8.8	7.9	23	24.9	13.5	6.3	3.6	3.0	7.6	1.0	0.2	0.4	100

青少年每次上网平均时间为 1.3 ± 1.0 小时,每次最少半小时以下,最多超过 5 小时(见表 5-4)。其中小学高年级学生为每次 1.2 ± 1.0 小时,中学生为每次 1.4 ± 1.0 小时。

表 5-4 青少年每次上网时间统计表

	半小时以下	半小时	1小时	2小时	3小时	4小时	5小时及以上	未回答	合计
人数	132	266	468	261	92	26	27	5	1
百分	10.3	20.8	36.6	20.4	7.2	2.0	2.1	0.4	100

5.3.1.3 网龄

青少年网龄平均为 3.67 ± 1.97 年,最短半年以下,最长超过 7 年(见表 5-5)。小学生平均网龄为 3.16 ± 1.95 年,中学生平均网龄为 4.43 ± 1.76 年。其中小学上网学生中网龄在 5 年上者占 26.9%,中学上网学生中网龄在 5 年上者占 52.6%。

表 5-5 青少年网龄统计表

	半年以下	半年	1年	2年	3年	4年	5年	6年	7年及以上	未回答	合计
人数	57	53	109	152	224	211	209	133	119	10	1277
百分比	4.5	4.2	8.5	11.9	17.5	16.5	16.4	10.4	9.3	0.8	100

5.3.1.4 父母对青少年使用互联网的管理方式

青少年的父母大部分对孩子上网是引导或限制的,但也有约三分之一的父母对孩子上网没有加以引导或限制,还有少量家长是禁止孩子上网的(见表 5-6)。

表 5-6　父母对青少年使用互联网的管理方式统计表

	管理方式						合计
	禁止型	限制并引导型	限制型	引导型	放任型	未回答	
人数	87	112	603	74	392	9	1277
百分比	6.8	8.8	47.2	5.8	30.7	0.7	100

5.3.2　青少年互联网使用时间的状况与特点

5.3.2.1　青少年互联网使用时间的总体状况

本文所指的"青少年互联网使用时间"是指青少年每周使用互联网的总时间。本次调查的青少年互联网使用时间以小时计,均分为 3.52 ± 4.46,大于中数2,呈正偏态,峰度高狭(见表5-7,图5-1)。其中小学高年级学生使用时间均分为 3.22 ± 4.53,中学生为 3.98 ± 4.31。

表 5-7　青少年每周上网总时间总体状况

平均数	中数	众数	标准差	全距	最大值	最小值	偏度	峰度
3.5243	2.0	2.0	4.45	41.94	42	.06	2.882	12.117

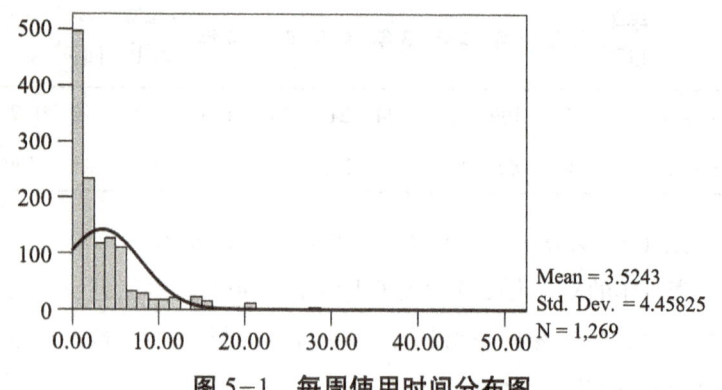

图 5-1　每周使用时间分布图

5.3.2.2 青少年互联网使用时间的性别与年级差异

以年级、性别为自变量、使用时间为因变量的两因素方差分析显示,年级效应、性别主效应显著,年级与性别之间存在交互作用(见表5-8、表5-9、图5-2)。

表5-8 不同年级不同性别学生每周使用总时间的描述统计

		小四	小五	小六	初一	初二	总体
男	M	3.14	4.28	4.19	3.55	4.47	3.91
	SD	4.23	6.27	4.83	4.53	4.33	4.96
	N	146	145	141	112	107	651
女	M	1.31	2.36	3.38	3.32	4.48	3.12
	SD	1.89	3.62	3.73	4.05	4.28	3.83
	N	113	94	123	130	158	618
总体	M	2.34	3.52	3.82	3.43	4.48	3.52
	SD	3.52	5.46	4.36	4.27	4.30	4.46
	N	259	239	264	242	265	1269

表5-9 每周总时间的两因素方差分析

	变异来源	平方和	df	均方	F	P
主效应	年级	686.545	4	171.591	8.962	.000
	性别	282.167	1	282.167	14.738	.000
交互作用	年级*性别	194.692	4	48.673	2.542	.038
	误差	24104.369	1259	19.146		
	总计	40964.914	1269			

如图5-2所示,小学生中男生的使用时间显著多于女生,而到了初中,男生与女生的使用时间就没有了差异。女生的使用时间随

着年级的升高呈上升趋势,但从小学六年级到初一之间有所停滞。男生的使用时间总趋势是从小学四年级到小学五年级迅速上升,从小学六年级开始有所下降,到初二又显著回升;总的来说,男生的使用时间是小学五、六年级、初二的比较多,小学四年级和初一的比较少。

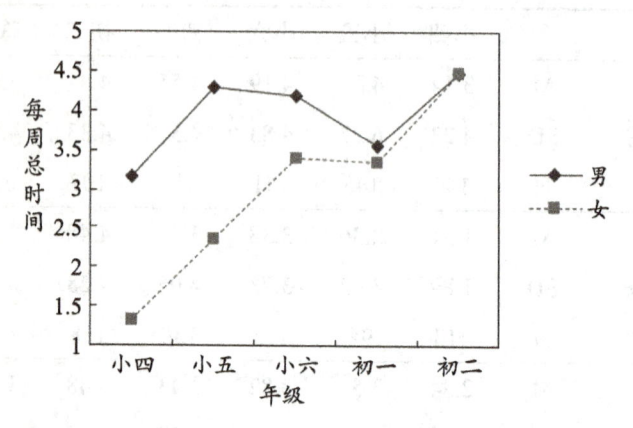

图 5-2　年级与性别对每周总时间的交互作用图解

5.3.3　青少年互联网使用偏好的状况与特点

5.3.3.1　青少年互联网使用偏好的总体状况

由于各类使用偏好包含的项目数不一样,为了使数据能有可比性,我们先计算个体在互联网使用偏好的各个维度上的平均得分,再计算总体在各个维度上的平均分数。

重复测量的方差分析显示,三种偏好总体平均分的差异显著($F=99.459, P < .000$)。由表 5-10 可知,青少年的互联网使用偏好最多的是娱乐偏好(2.54 ± 0.68),其次是信息获得偏好(2.36 ± 0.61),然后是信息交流偏好(2.23 ± 0.73)。三种偏好分布均略呈正态分布,峰度低阔。

表 5-10 青少年互联网使用偏好的总体状况

	平均数	中数	众数	标准差	全距	最大值	最小值	偏度	峰度
信息交流	2.23	2.17	2.17	.73	3	4	1	.201	−.768
娱乐	2.54	2.54	2.60	.68	3	4	1	.023	−.704
信息获得	2.36	2.40	2.40	.61	3	4	1	.100	−.301

信息交流偏好中,青少年使用最多的功能是"网上聊天",平均分为 3.10 ± 1.075;使用最少的是"制作和维护个人主页",平均分为 1.77 ± .971(见表 5-11)。

表 5-11 信息交流偏好各功能的使用情况

使用功能	平均数	中数	众数	标准差
在博客、个人空间上写文章、上传图片等	2.22	2	1	1.082
上贴吧、参与社区论坛发帖子等	1.87	2	1	1.028
制作和维护个人主页	1.77	1	1	.971
收发邮件	2.17	2	2	1.040
浏览他人网页或空间并留言	2.26	2	1	1.104
网上聊天	3.10	4	4	1.075

娱乐偏好中,青少年使用最多的功能是"玩游戏",平均分为 2.97 ± .933;使用最少的是"看漫画、小说等",平均分为 2.14 ± 1.074(见表 5-12)。

表 5-12 娱乐偏好各功能的使用情况

使用功能	平均数	中数	众数	标准差
看动画片、Flash 等其他视频	2.70	3	3	.974
玩游戏	2.97	3	4	.933
看漫画、小说等	2.14	2	1	1.074
看网络电视、电影等	2.50	2	2	1.089
下载电脑软件	2.39	2	2	1.069

信息获得偏好中,青少年使用最多的功能是"查找和阅读与课程学习有关的信息",平均分为 2.80 ± .916;使用最少的是"查询生活信息(如天气、地图、交通、健康等)",平均分为 2.03 ± .916(见表 5-13)。

表 5-13 信息获得偏好各功能的使用情况

使用功能	平均数	中数	众数	标准差
浏览各类新闻	2.34	2	2	.934
上教育网站学习(如看作文、例题等)	2.42	2	2	.931
查找和阅读与课程学习有关的信息	2.80	3	3	.916
查询生活信息(如天气、地图、交通、健康等)	2.03	2	2	.916
学习电脑技术等	2.20	2	2	.961

可见,就具体使用功能来讲,使用最多的是"网上聊天",其次是"玩游戏",第三是"查找和阅读与课程学习有关的信息",使用最少的后三名分别是"查询生活信息(如天气、地图、交通、健康等)"、"上贴吧、参与社区论坛发帖子等"和"制作和维护个人主页"。

5.3.3.2 青少年互联网使用偏好的年级与性别差异

5.3.3.2.1 信息交流偏好

以年级、性别为自变量、信息交流偏好为因变量的两因素方差分析显示,年级主效应显著,信息交流偏好随年级上升有增大趋势;性别主效应显著;年级与性别之间存在交互作用(见表 5-14、表 5-15、图 5-3)。

从图 5-3 可以看出,小学四、五年级男生与女生的信息交流偏好没有差异,从小学六年级开始到初二,女生的信息交流偏好均高于男生的。

表 5-14　不同年级不同性别学生信息交流偏好的描述统计

		小四	小五	小六	初一	初二	总体
男	M	1.82	2.12	2.09	2.11	2.39	2.09
	SD	.68	.63	.67	.63	.75	.69
	N	144	144	141	111	108	648
女	M	1.69	2.10	2.46	2.78	2.63	2.38
	SD	.58	.62	.66	.68	.65	.75
	N	112	93	123	128	158	614
总体	M	1.76	2.11	2.26	2.47	2.53	2.23
	SD	.64	.63	.69	.74	.70	.73
	N	256	237	264	239	266	1262

表 5-15　信息交流偏好的两因素方差分析

变异来源		平方和	df	均方	F	P
主效应	年级	91.788	4	22.947	53.109	.000
	性别	15.343	1	15.343	35.511	.000
交互作用	年级*性别	24.745	4	6.186	14.318	.000
误差		540.955	1252	.432		
总计		6964.583	1262			

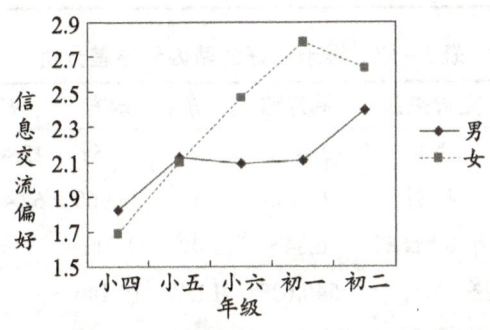

图 5-3　年级与性别对信息交流偏好的交互作用图解

5.3.3.2.2 娱乐偏好

以年级、性别为自变量、娱乐偏好为因变量的两因素方差分析显示,年级主效应显著;性别主效应显著,男生的娱乐偏好整体高于女生的;年级与性别之间存在交互作用(见表5-16、表5-17、图5-4)。

从图5-4可以看出,女生的娱乐偏好是从小学四年级到初一都是上升趋势,到初二则有所下降;男生则是从小学四年级到初二年级,娱乐偏好均没有什么差异。

表5-16 不同年级不同性别学生娱乐偏好的描述统计

		小四	小五	小六	初一	初二	总体
男	M	2.57	2.69	2.59	2.74	2.80	2.67
	SD	.71	.66	.64	.73	.66	.68
	N	144	144	141	111	108	647
女	M	2.07	2.29	2.43	2.64	2.49	2.40
	SD	.66	.61	.66	.65	.57	.65
	N	112	93	123	128	158	615
总体	M	2.35	2.53	2.51	2.68	2.62	2.54
	SD	.73	.67	.66	.69	.63	.68
	N	256	237	264	239	266	1262

表5-17 娱乐偏好的两因素方差分析

变异来源		平方和	df	均方	F	P
主效应	年级	21.420	4	5.355	12.401	.000
	性别	26.960	1	26.960	62.434	.000
交互作用	年级*性别	6.845	4	1.711	3.963	.003
	误差	540.639	1252	19.146		
	总计	8737.120	1262			

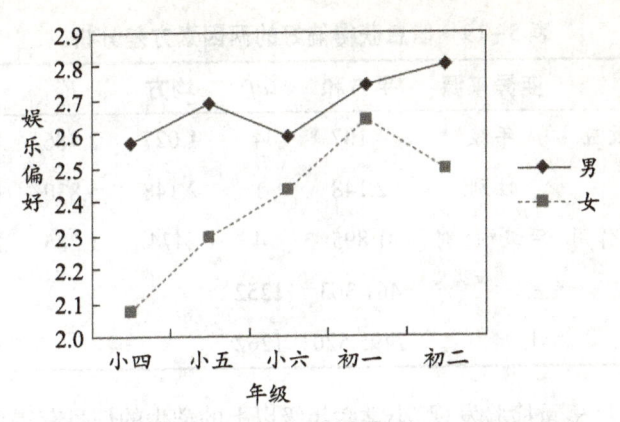

图 5-4 年级与性别对娱乐偏好的交互作用图解

5.3.3.2.3 信息获得偏好

以年级、性别为自变量、信息获得偏好为因变量的两因素方差分析显示,年级效应显著;性别主效应显著,女生的信息获得偏好分数高于男生(见表5-18、表5-19)。

表 5-18 不同年级不同性别学生信息获得偏好的描述统计

		小四	小五	小六	初一	初二	总体
男	M	2.30	2.21	2.37	2.37	2.35	2.31
	SD	.67	.59	.64	.63	.60	.63
	N	144	144	141	111	108	648
女	M	2.25	2.41	2.45	2.48	2.42	2.41
	SD	.59	.56	.58	.57	.53	.59
	N	112	93	123	128	158	614
总体	M	2.28	2.29	2.41	2.43	2.39	2.36
	SD	.67	.59	.61	.60	.56	.61
	N	256	237	264	239	266	1262

表 5-19 信息获得偏好的两因素方差分析

变异来源		平方和	df	均方	F	P
主效应	年级	4.107	4	1.027	2.786	.025
	性别	2.148	1	2.148	5.830	.016
交互作用	年级*性别	1.895	4	.474	1.285	.274
误差		461.363	1252			
总计		7495.520	1262			

事后多重检验发现,小学六年级以上的学生的信息获得偏好高于小学四、五年级的学生。小学四、五年级之间,小学六年级、初一、初二年级之间则没有差异。

5.4 讨 论

5.4.1 青少年互联网使用总体状况

本次调查发现,1277名深圳市青少年中,96.1%的家庭拥有电脑;80.6%的孩子家中可以方便地上网,而且89%的青少年主要在家中上网。小学高年级学生平均网龄为 3.16 ± 1.95 年,中学生平均网龄为 4.43 ± 1.76 年。其中小学高年级学生网龄在 5 年以上者占上网总数的 26.9%,中学上网学生中网龄在 5 年以上者占上网总数的 52.6%。这个比例大大高于北京市的调查(张新风,2007),小学高年级上网率为 60.3%,初中生上网率为 84.1%;被试平均上网历史为 2.54 ± 1.71 年,最长达 8 年以上;其中小学上网学生中网龄在 5 年以上者占 17.0%,初中网龄在 5 年以上者占上网总人数的 23.4%。这进一步说明,在经济发达的沿海大城市深圳,互联网使用者低龄化发展趋势更加明显,初中生以及小学高年级学生已经成为互联网使用的重要群体。

不过,深圳市青少年互联网每周使用时间平均为 3.52 ± 4.46 小时,其中小学高年级学生使用时间均分为 3.22 ± 4.53 小时,中学生为 3.98 ± 4.31 小时,低于 CNNIC 的 2007 年 7 月报告的全国小学生每周平均上网 5.7 小时和中学生平均上网 7.5 小时。原因可能是这些孩子主要是在家中上网,而父母对此管理比较严格,超过一半(47.2%限制,8.8%限制并引导)的父母对孩子上网的时间、内容、次数都有规定,还有 6.8%的学生被禁止在家中上网。但是,只有 5.8%的学生父母对孩子上网加以引导,仍有近 1/3 的学生家长没有对孩子上网加以管理(30.7%放任型),而这些孩子每周最多上网 42 小时或以上。随着互联网使用进入千家万户,对于中小学生,特别是小学生使用互联网的管理和引导应引起家长、学校和社会的重视。

在使用时间上,年级和性别存在交互作用。小学生中男生的使用时间显著多于女生的,而到了初中,男生与女生的使用时间没有差异。不过总体来讲,男生的使用时间超过女生的,初二的使用时间最多,这一点与他人的研究大致相同(赵国栋,2006;张新风,2007)。女生的使用时间随着年级的升高呈上升趋势,但从小学六年级到初一之间有所停滞;男生的使用时间总趋势是从小学四年级到小学五年级迅速上升,从小学六年级开始有所下降,到初二又显著回升;可能是小学六年级的升学压力使得男生、女生的互联网使用时间在这个时期没有上升。

5.4.2 青少年互联网使用偏好的发展趋势

本调查显示,青少年的互联网使用偏好最多的是娱乐偏好(2.54 ± 0.68),其次是信息获得偏好(2.36 ± 0.61),然后是信息交流偏好(2.23 ± 0.73),重复测量的方差分析差异显著。可见,青少年对互联网的娱乐功能的使用超过其他功能,这一点与CNNIC的调查相同。

总体来讲,男生与女生的信息交流偏好都随年级上升有增大趋势,从小学六年级开始到初二,女生的信息交流偏好均高于男生的。男生的娱乐偏好高于女生的;女生的娱乐偏好是从小学四年级到初一都是上升趋势,到初二则有所下降;男生则是从小学四年级到初二年级,娱乐偏好均没有什么差异。小学六年级以上的学生的信息获得偏好高于小学四、五年级的学生;女生的信息获得偏好高于男生的。

从中可以看出,小学六年级是青少年信息获得发展偏好的关键时期,这一时期开始,学生开始倾向于使用互联网来获得各种需要的信息,包括进行学习。

从小学六年级开始,女生开始更喜欢利用互联网与人进行交流。美国学者塞尔曼(Selman)曾提出,9-15岁是儿童发展亲密的共享阶段,这个时期儿童真正形成了友谊关系;从12岁开始,则进入友谊发展的最高阶段,这个时期儿童的友谊质量大为提高[1]。小学六年级学生的年龄正好是11-12岁,这个时期他们与同伴交流的愿望更加强烈,而使用互联网与同学、朋友交流又是现今学生中流行的交流方式,所以他们会比以前更经常地使用互联网与同伴交流。由于女生的发育比男生的普遍要早1-2年[2],所以女生的交流偏好的发展要早于男生,小学六年级开始女生比男生更多使用互联网交流功能,而男生则要到初一(12-13岁)以后才快速发展起互联

---

[1] 俞国良,辛自强.社会性发展心理学[M].合肥:安徽教育出版社,2004:400-401.
[2] 张文新.青少年发展心理学[M].济南:山东人民出版社,2002:84-85.

网使用的交流偏好。

总体来讲,男生的娱乐倾向大于女生的,这也与前人的研究基本相同,认为男生更喜欢上网玩游戏,女生更喜欢上网社交。赵国栋等(2006)的调查也显示,男生玩电脑游戏和网络游戏的比例(分别是53.8%和38.3%)要高于女生(分别是28.7%和21.0%)。男生更偏向使用互联网的娱乐功能,而且从小学四年级到初二这种偏好基本没什么变化,但女生的娱乐偏好从小学四年级开始一直到初一不断提高,这些都要引起父母、学校和社会的重视,特别对男生要多引导他们合理使用网络。

5.5 本章小结

(1)青少年的互联网使用时间存在年级与性别的交互作用,其中小学男生的使用时间显著多于女生的,而在中学生中这种差异消失。女生的使用时间随着年级的升高呈上升趋势,但从小学六年级到初一之间有所停滞;男生的使用时间是小学五、六年级和初二的比较多,小学四年级和初一的比较低。H1得到部分验证。

(2)青少年互联网使用的信息交流偏好随着年级的上升而增大;但是存在年级与性别的交互作用,具体表现为:小学五年级以前,男生和女生的信息交流偏好没有差异;从小学六年级开始到初二,女生的信息交流偏好均高于男生的。H2得到部分验证。

(3)青少年互联网使用的娱乐偏好总的趋势是男生的娱乐偏好高于女生的;但存在年级与性别的交互作用,具体表现为:女生的娱乐偏好是从小学四年级到初一都是上升趋势,到初二则有所下降;男生的娱乐偏好则是小学四年级到初二年级均没有什么差异。H3得到部分验证。

(4)青少年互联网使用的信息获得偏好存在性别差异和年级差异。总的趋势是女生的信息获得偏好分数显著高于男生的;小学六年级、初一、初二的学生的信息获得偏好分数高于小学四年级和五年级的学生的分数。H4 得到部分验证。

通过本章的研究,总体假设 2 中有关青少年互联网使用时间、互联网使用偏好的假设得到部分验证。

第6章

青少年互联网使用与信息技能、学业成绩的关系研究

6.1 本章研究目的与研究假设

6.1.1 研究目的

探讨互联网使用时间、使用偏好、父母文化程度与青少年信息技能和学业成绩之间的关系。

6.1.2 研究假设

H1：不同互联网使用时间的青少年的学习成绩存在差异。

H1.1：互联网使用时间适中的青少年的学习成绩优于使用时间过少的青少年的。

H1.2：互联网使用时间适中的青少年的学习成绩优于使用时间过多的青少年的。

H2：父母文化程度在青少年的互联网使用偏好对学习成绩和信息技能的影响中起调节作用。

H2.1：父母文化程度是青少年的互联网使用偏好对语文成绩影

响的调节变量。

H2.2：父母文化程度是青少年的互联网使用偏好对数学成绩影响的调节变量。

H2.3：父母文化程度是青少年的互联网使用偏好对英语成绩影响的调节变量。

H2.4：父母文化程度是青少年的互联网使用偏好对信息技能影响的调节变量。

H3：信息技能是青少年的互联网使用偏好影响学习成绩的中介变量

H3.1：信息技能是青少年的信息获得偏好影响学习成绩的中介变量。

H3.2：信息技能是青少年的信息交流偏好影响学习成绩的中介变量。

H3.3：信息技能是青少年的信息娱乐偏好影响学习成绩的中介变量。

6.2 研究方法与过程

6.2.1 研究对象

研究对象同研究三。

6.2.2 研究工具

互联网使用的调查问卷为自编的《青少年互联网使用情况调查问卷》和自编的《青少年互联网使用偏好问卷》、《青少年信息技能评估问卷》。

6.2.3 施测过程

以班级为单位施测,主试为经过培训的各班班主任。《青少年互联网使用情况调查问卷》、《青少年互联网使用偏好问卷》、《青少年信息技能评估问卷》测试时间共30分钟左右。学习成绩取自学生该学期的期末考试成绩,并按各学校的年级平均数标准差转化为标准分。

6.2.4 统计方法

用SPSS12.0进行数据的录入和统计分析。

6.3 研究结果

6.3.1 研究变量的描述性统计结果

由于中小学生互联网使用时间呈严重的正偏态,峰度高狭(见表5-7,图5-1),因此参照Attewell,et al.(2003)对学生使用电脑和互联网时间的分类,将互联网使用时间分为三类:1、使用时间过少(每周半小时以下或不使用);2、使用时间适中(0.5≤每周总时间<8小时);3、使用时间过多(每周总时间≥8小时),分布见表6-1。

表6-1 互联网使用时间分类统计

分类	从不或很少使用	使用时间适中	使用时间较多	总数
人数	185	932	152	1269
百分比	14.6%	73.4%	12%	100%

采用对删法删去有缺失变量的被试,得到各研究变量的平均数、标准差和相关系数,见表6-2。

表 6-2 各研究变量的相关系数

变量	M	SD	性别[a]	年级	父亲文化程度	母亲文化程度	使用时间过少[b]	使用时间适中[c]	使用时间过多[d]	信息交流偏好	娱乐偏好	信息获得偏好	信息技能	语文	数学
性别[a]															
年级			-.126**												
父亲文化程度	3.870	1.112	-.024	.104**											
母亲文化程度	3.580	1.183	-.027	.123**	.695**										
使用时间过少[b]			-.040	-.179**	.019	.013									
使用时间适中[c]			-.011	.065*	.032	.034	-.687**								
使用时间过多[d]			.036	.091*	-.054	-.033	-.113**	-.454**							
信息交流偏好	2.232	.733	-.191**	.367**	.078**	.096**	-.308**	.090**	.140**						
娱乐偏好	2.542	.683	.197**	.140**	-.057	-.034	-.310**	.093**	.153**	.397**					
信息获得偏好	2.360	.610	-.072**	.082**	.065*	.047	-.084**	.072*	-.001	.349**	.129**				
信息技能	50.091	16.212	-.078**	.408**	.186**	.233**	-.221**	.132**	.033	.540**	.252**	.474**			
语文	.005	.973	-.239**	-.010	.125**	.127**	-.0007	.046	-.041	.067*	-.132**	.105**	.148**		
数学	.010	.981	.021	-.011	.106**	.113**	-.018	.046	-.022	-.030	-.092**	.042	.115**	.525**	
英语	.004	.978	-.208**	-.006	.123**	.140**	-.014	.075**	-.049	.066*	-.149**	.093**	.155**	.602**	.567**

** 0.01 水平显著　* 0.05 水平显著

[a] 1 = 男生, 0 = 女生　[b] 1 = 使用时间过少, 0 = 其他　[c] 1 = 使用时间适中, 0 = 其他　[d] 1 = 使用时间过多, 0 = 其他。

6.3.2 不同互联网使用时间的青少年的学习成绩的比较

为了检验 H1 和 H2.1-H2.3,分别以语文、数学、英语成绩为因变量,使用多层回归分析的方法进行分析。第一步将控制变量年级和性别以 Enter 方式进入回归方程;第二步将使用时间过少和使用时间过多(使用时间适中为参照类别)、父亲文化程度、母亲文化程度、信息交流偏好、信息获得偏好、娱乐偏好等变量以 Stepwise 的方式进入回归方程;第三步将三种偏好与父亲文化程度、母亲文化程度之间可能的 6 种交互作用以 Stepwise 的方式进入回归方程。结果见表 6-3、表 6-4、表 6-5(只列出了最后进入方程的变量的相关数据)。

表 6-3 互联网使用时间、使用偏好和父母文化程度对语文成绩的预测

预测变量	语文成绩(β) Step 1	Step 2	Step 3
控制变量			
性别[a]	-.237 **	-.208 **	-.208 **
年级	-.043	-.057 *	-.055 *
主效应			
母亲文化程度		.120 **	.116 **
信息获得偏好		.097 **	.095 **
娱乐偏好		-.107 **	-.111 **
使用时间过少[b]		-.059 *	-.059 *
交互作用			
娱乐偏好*父亲文化程度			.060 *
R^2	.056 **	.090 **	.093 **
ΔR^2	.056	.034	.004
F Change			4.808 *

注:n = 1215 † . p<.10, * p<.05, ** p<.01

[a]1 = 男生,0 = 女生;[b]1 = 使用时间过少,0 = 其他;[c]1 = 使用时间过多,0 = 其他,参照类别:使用时间适中。

表 6-4　互联网使用时间、使用偏好和父母文化程度对数学成绩的预测

预测变量	数学成绩(β) Step 1	Step 2
控制变量		
性别[a]	.034	.064 *
年级	−.008	−.016
主效应		
母亲文化程度		.113 **
娱乐偏好		−.126 **
使用时间过少[b]		−.062 *
信息获得偏好		.050 †
R^2	.001	.031 **
$\triangle R^2$	.001	.029
F Change		36.502 **

注：$n=1216$ † $.p<.10$，* $p<.05$，** $p<.01$
[a]1＝男生，0＝女生；[b]1＝使用时间过少，0＝其他；[c]1＝使用时间过多，0＝其它，参照类别：使用时间适中。

从多层回归分析的结果可以看出，使用时间过少对语文、数学、英语成绩有显著的负向预测作用。这显示，互联网使用时间适中的青少年的语文、数学、英语分数都比使用时间过少的要高，H1.1得到验证，H1.2没有得到验证。

6.3.3　父母文化程度在互联网使用偏好对学习成绩影响中的调节作用检验

由表6-3、表6-4、表6-5还可以得知，娱乐偏好对语文成绩的影响、信息获得偏好对英语成绩的影响均受父亲文化程度的调节，H2.1、H2.3得到部分验证，H2.2没有得到验证。

表 6-5 互联网使用时间、使用偏好和父母文化程度对英语成绩的预测

预测变量	英语成绩(β) Step 1	Step 2	Step 3
控制变量			
性别[a]	−.216 **	−.183 **	−.176 **
年级	−.035	−.049 †	−.049 †
主效应			
母亲文化程度		.130 **	.124 **
娱乐偏好		−.132 **	−.131 **
信息获得偏好		.085 **	.085 **
使用时间过少[b]		−.076 **	−.079 **
交互作用			
信息获得偏好*父亲文化程度			−.086 **
R^2	.046 **	.074 **	.093 **
$\triangle R^2$	.046	.040	.007
F Change			9.681 **

注:n = 1213　† .p<.10, * p<.05, ** p<.01
[a]1 = 男生,0 = 女生;[b]1 = 使用时间过少,0 = 其他;[c]1 = 使用时间过多,0 = 其它,参照类别:使用时间适中。

以中心化的值取娱乐偏好、信息获得偏好和父亲文化程度各变量的平均数上、下各一个标准差的值作为高分组和低分组,作交互作用图,如图 6-1、图 6-2。

6.3.3.1 父亲文化程度对娱乐偏好影响语文成绩的调节作用

从图 6-1 可以看出,无论父亲文化程度高、低,互联网使用的娱乐偏好越高,青少年的语文学习成绩越差(高父亲文化程度组 simple slope = −0.047, t = −23.5, P < .01;低父亲文化程度组 simple slope $= -0.167, t = -83.5, P < .01$)。但是,对于父亲文化程度较低的青少年来说,娱乐偏好对语文学习成绩的负向影响更大。

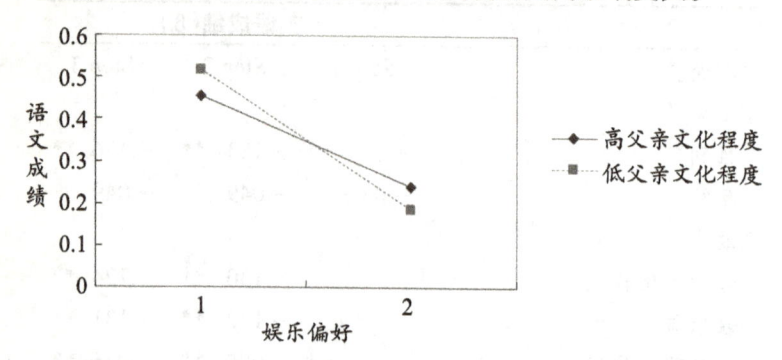

图 6-1 父亲文化程度对娱乐偏好影响语文成绩的调节

6.3.3.2 父亲文化程度对信息获得偏好影响英语成绩的调节作用

从图 6-2 可以看出,当父亲文化程度高的时候,信息获得偏好对英语学习成绩没有影响(高父亲文化程度组 simple slope $= -0.001$, $t = -0.5, P > .05$);而当父亲文化程度低的时候,信息获得偏好越高,英语成绩越好(低父亲文化程度组 simple slope $= 0.171, t = 85.5, P < .01$)。

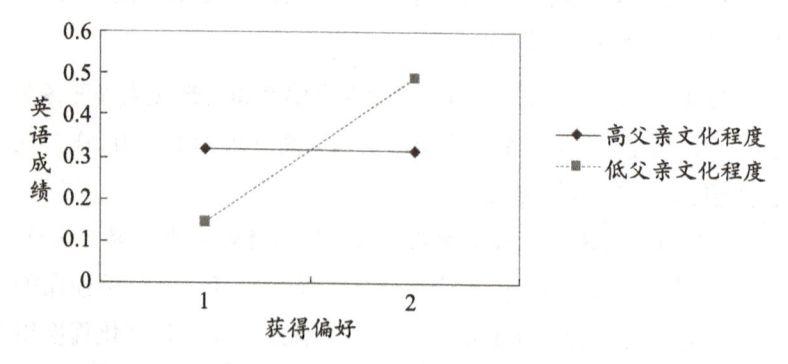

图 6-2 父亲文化程度对获得偏好影响英语成绩的调节

6.3.4 父母文化程度在互联网使用偏好对信息技能影响中的调节作用检验

为了检验 H2.4,以信息技能为因变量,使用多层回归分析的方法进行分析。第一步将控制变量年级和性别以 Enter 方式进入回归方程,第二步将父亲文化程度、母亲文化程度、信息交流偏好、信息获得偏好、娱乐偏好等变量以 Stepwise 的方式进入回归方程,第三步将三种使用偏好与父亲文化程度、母亲文化程度之间可能的 6 种交互作用以 Stepwise 的方式进入回归方程。结果见表 6-6(只列出了最后进入方程的变量的相关数据)。

表 6-6 互联网使用偏好和父母文化程度对信息技能的预测

预测变量	信息技能(β) Step 1	Step 2	Step 3
控制变量			
性别[a]	-.028	-.024	.024
年级	.396 **	.238 **	.239 **
主效应			
信息获得偏好		.336 **	.339 **
信息交流偏好		.299 **	.295 **
母亲文化程度		.168 **	.168 **
娱乐偏好		.058 *	.056 *
交互作用			
信息交流偏好*父亲文化程度			.044 *
R^2	.160 **	.465 **	.467 **
$\triangle R^2$	.160	.285	.002
F Change			4.402 *

注:n = 1240 † $p<.10$, * $p<.05$, ** $p<.01$

从多层回归分析的结果可以看出,母亲文化程度对信息技能有显著预测作用,母亲文化程度越高,信息技能分数也越高。信息获得偏好、信息交流偏好与娱乐偏好均对信息技能有显著的预测作用。信息交流偏好对信息技能的影响受父亲文化程度的调节。H2.4得到部分验证。

以中心化的值取信息交流偏好和父亲文化程度各变量的平均数上、下各一个标准差的值作为高分组和低分组,作交互作用图,如图6-3。

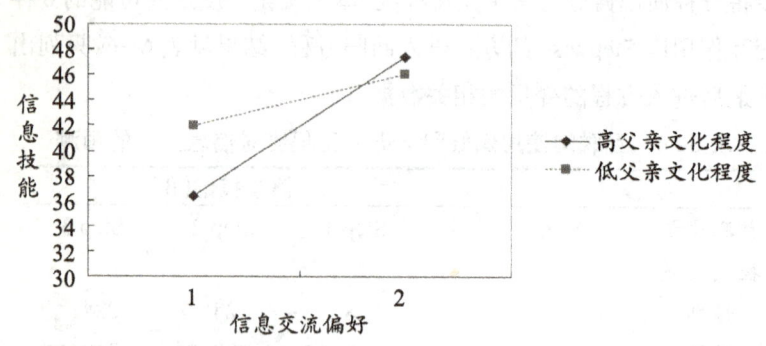

图6-3 父亲文化程度对信息交流偏好影响信息技能的调节

从图6-3可以看出,无论父亲文化程度高、低,互联网使用的信息交流偏好越高,青少年的信息技能越好(高父亲文化程度组 simple slope = 5.505, t = 14.11, P < .01;低父亲文化程度组 simple slope = 4.131, t = 10.07, P < .01)。但是,对于父亲文化程度较高的青少年来说,信息交流偏好对信息技能的正向影响更大。

6.3.5 信息技能在互联网使用偏好对学习成绩影响中的中介作用检验

为了检验H3,以语文、数学、英语为因变量,使用多层回归分析的方法,分别加以预测。第一步,先将控制变量(包括:年级、性别)

引入回归方程,对结果变量进行预测;第二步进入回归方程的变量是信息获得偏好、信息交流偏好和娱乐偏好;第三步进入回归方程的是信息技能。中介效应检验的前提是,自变量、假设的中介变量与因变量之间都有显著的相关,自变量对因变量有显著的预测作用;但引入假设的中介变量以后,如果自变量的预测效应减弱并不再显著,而中介变量的预测作用显著,则存在完全中介效应;如果自变量对因变量的预测作用依然显著,而中介变量的预测作用也显著的话,那么说明中介变量在该自变量的预测路径上只存在部分中介效应(温忠麟,侯杰泰,张雷,2005)。

表 6-7 互联网使用偏好、信息技能对语文成绩的预测

预测变量	语文成绩(β)		
	Step 1	Step 2	Step 3
控制变量			
性别 [a]	−.244 **	−.210 **	−.206 **
年级	−.039	−.046	−.097 **
互联网使用变量			
信息获得偏好		.085 **	.019
信息交流偏好		.062 †	−.000
娱乐偏好		−.121 **	−.130 **
中介变量			
信息技能			.197 **
R^2	.058 **	.078 **	.099 **
$\triangle R^2$	.058	.019	.022
F Change	38.277 **	8.499 **	29.566 **

注:n=1237　† . $p<.10$, * $p<.05$, ** $p<.01$

表 6-7 结果显示,信息获得偏好和娱乐偏好分别对语文成绩有正向和负向的显著预测作用,信息交流偏好对语文成绩有边缘显

著的正向预测作用;显示信息获得偏好和信息交流偏好分数越高,语文分数越高;而娱乐偏好分数越高,语文分数越低。在第三步引入信息技能之后,信息获得偏好的显著效应和信息交流偏好的边缘显著效应消失了,说明信息技能是信息获得偏好和信息交流偏好与语文成绩之间的完全中介变量。

表6-8 互联网使用偏好、信息技能对数学成绩的预测

预测变量	Step 1	Step 2	Step 3
控制变量			
性别[a]	.020	.048	.069 *
年级	−.005	.010	−.061
互联网使用变量			
信息获得偏好		.059 *	−.012
信息交流偏好		−.001	−.068
娱乐偏好		−.110 **	−.119 **
中介变量			
信息技能			.212 **
R^2	.000	.014 **	.039 **
$\triangle R^2$	.000	.013	.025
F Change	.281	5.425 **	32.048 **

注:n=1232　† . $p<.10$, * $p<.05$, ** $p<.01$

表6-8显示,信息获得偏好和娱乐偏好分别对数学成绩有正向和负向的预测作用,在第三步引入信息技能之后,信息获得偏好的显著效应消失了,说明信息技能是信息获得偏好与数学成绩之间的完全中介变量。

表 6-9　互联网使用偏好、信息技能对英语成绩的预测

预测变量	英语成绩(β) Step 1	Step 2	Step 3
控制变量			
性别[a]	-.217 **	-.166 **	-.171 **
年级	-.028	-.035	-.090 **
互联网使用变量			
信息获得偏好		.073 **	.002
信息交流偏好		-.079 *	.012
娱乐偏好		-.153 **	-.162 **
中介变量			
信息技能			.211 **
R^2	.046 **	.066 **	.095 **
$\triangle R^2$	.046	.024	.025
F Change	29.827 **	10.592 **	33.795 **

注:n=1235　†.$p<.10$, * $p<.05$, ** $p<.01$

表 6-9 显示,信息获得偏好和信息交流偏好对英语成绩有显著的正向预测作用,娱乐偏好对英语成绩有显著的负向预测作用。在第三步引入信息技能之后,信息获得偏好和信息交流偏好的显著效应消失了,说明信息技能是信息获得偏好和信息交流偏好与英语成绩之间的完全中介变量。

综上可知,信息技能是青少年互联网使用的信息获得偏好影响语文、数学、英语学习成绩的完全中介变量,是信息交流偏好影响语文、英语学习成绩的完全中介变量。H3.1 得到完全验证,H3.2 得到部分验证,H3.3 没有得到验证。

6.4 讨 论

6.4.1 互联网使用时间与学习成绩

本研究发现,互联网使用时间适中(每周8小时以下)的青少年比使用时间过少(每周不到半小时或不用)的语文、英语和数学成绩要好,这与国外的一些研究结果是相同的。Nævdal(2007)发现,在控制了性别、课程兴趣、阅读障碍和不同计算机活动后,仍然可以从学生使用家庭电脑行为(包括上网活动)的全部时间预测他们的英语成绩(第一外国语),女孩的成绩随使用时间增多而升高,男孩的使用时间与成绩之间并非线形关系,经常使用的群体成绩最好;那些很少使用家庭电脑的孩子英语分数也比较低。学生在使用电脑和互联网时有可能发展了问题解决技能和有效使用电脑的能力,这包括使用文字处理、数据库、电子制表软件和多媒体程序以及有效地搜索、分析和综合来自互联网的信息的能力,这些能力有可能对语文、数学、英语成绩产生正面影响;而且有些网站和信息、以及一些软件的说明是英文的,可能会提高学生学习英语的兴趣和相应的英语阅读能力而对英语成绩产生正面影响。但学生需要每天花一定的时间在互联网上才能产生效果,如果使用时间太少,学生不能熟练使用电脑和互联网,所以无法从中获益。虽然本研究并没有发现互联网使用时间适中的青少年比使用时间过多的青少年的成绩好,这可能是因为其实还要看使用时间过多的青少年主要在网上从事什么活动。另外,中国学生的学习负担比较重,特别是小学高年级开始,作业量会增加很多,太多时间用于上网可能会减少其他学习时间和户外活动的时间,抵消一部分正面效应,甚至有的学生会网络成瘾。可见,只有使用电脑和互联网的时间适当才会对语文、英语和数学成绩产生有益的影响。

6.4.2 父母文化程度、互联网使用偏好与学习成绩

我们发现父亲的文化程度在娱乐偏好对语文成绩的影响和信息获得偏好对英语成绩的影响中起到了调节作用,即对父亲文化程度较低的青少年来说,娱乐偏好对语文学习成绩的负向影响更大;而当父亲文化程度低的时候,信息获得偏好越高,英语成绩越好。

Attewell 和 Battle(1999)的研究发现,家庭计算机与提高阅读分数和数学成绩有关,特别是高 SES(socio-economic status)的家庭受益更多。但是本研究却发现,父亲文化程度高的青少年,信息获得偏好对英语成绩没有影响,反而在父亲文化程度低的青少年中有影响。这可能是因为,英语的学习更多地需要父母的指导(例如学习方法的指导、内容的选择、时间安排、检查督促背课文、听写单词等),在父亲文化程度低的家庭中,父亲不能进行指导,于是孩子可能更多地借助网络等工具来学习,因此信息获得偏好高的孩子就更多从中受益;而在父亲文化程度高的家庭中,父亲在孩子的英语学习中可以给予更多指导和帮助,所以孩子是否上网学习就影响不大。

一般来说,我国的家庭中,男性使用互联网的比例比女性要高,在父亲文化程度低的家庭中,父亲可能很少具备网络技能,因此不能对孩子的互联网使用加以指导,并引导他们合理利用网络来进行学习和交流,所以他们的孩子一旦接触网络,可能更多地是用来娱乐,因此对于父亲文化程度较低的青少年来说,娱乐偏好对语文学习成绩的负向影响更大。

6.4.3 父母文化程度、互联网使用偏好与信息技能

本次调查发现,互联网使用的偏好特别是信息获得偏好和信息交流偏好对信息技能有较强的预测力(β分别为.339和.295),娱乐偏好稍弱(β为.056)。信息获得偏好主要包括查找课程信息、上网学习、浏览新闻、查询生活信息、学习电脑技术等功能,信息交流偏好则主要有写博客、个人主页、发帖子、留言、收发邮件等功能,这些功能都需要用户掌握一定的搜索技巧、计算机技能和编辑文字的能力等。信息技能是一种重要的认知技能,是用户通过获取信息、加工信息和应用信息来解决信息问题的一种认知技能。青少年登陆互联网后为了获取自己所需要的信息需要学习一系列技能,并要对这些信息进行加工和应用才能用于自己的学习或与他人的交流上,因此使用互联网的信息获取和交流功能可能会提高青少年的信息技能。而娱乐偏好主要包括在网上看影视、动漫、玩游戏、下载软件等内容,也需要一定的搜索技能和电脑知识,但是由于这些技巧比较简单,而且如果青少年一旦找到相关的影视或游戏,就主要是看或玩,很少需要再进一步加工和应用,也就是说他们上网的精力大部分还是在看动画影视或玩游戏上,所以对信息技能虽有一定影响,但影响力相对较小。

本次调查还发现,父亲文化程度是信息交流偏好影响信息技能的调节变量,即父亲文化程度越高,信息交流偏好对信息技能的正向影响就越大。这说明,文化程度高的父亲可能具备较高的网络技能和信息技能,能够指导青少年运用互联网与人交流,从而使青少年学习到加工信息和应用信息的技巧,提高他们的信息技能水平。

6.4.4 信息获得偏好、信息交流偏好、信息技能与学习成绩

本研究发现，互联网使用的信息获得偏好可以正向预测青少年的语文、英语、数学成绩，信息交流偏好可以正向预测青少年的语文、英语成绩。Jackson(2006)的纵向研究发现，在使用互联网 6 个月、1 年及 16 个月后，那些经常上网的学生在阅读标准化测验和 GPA(grade point averages)的分数上比较少上网的学生高，而且他发现那些花更多时间上网的孩子的记录显示他们浏览的网页大都是文本形式，他们较少使用聊天和交流等功能。这说明青少年在登陆互联网时使用了什么功能，浏览了什么内容可能才是影响学习成绩的关键。Nævdal(2004, 2007)的研究进一步证实了这一点。他发现，只有那些与学校学习活动有关的计算机活动，如搜索信息和做作业等能预测一般的学业成绩，而玩和聊天等活动则不能。如果学生使用电脑主要是从事信息搜索和文字处理等与学校作业相关的活动，那么会对英语成绩有积极的影响；而玩乐、网上冲浪和聊天等活动与英语成绩没有关系。虽然 Nævdal 并未发现聊天活动对学习成绩有正面影响，但是本研究却发现除了信息获得偏好对学习成绩有积极影响，信息交流偏好也对学习成绩有积极影响，可能是研究者对互联网使用偏好的不同分类所致以及不同的文化背景所致。

本研究还发现，信息技能是青少年互联网使用的信息获得偏好影响语文、数学、英语学习成绩的完全中介变量，是信息交流偏好影响语文、英语学习成绩的完全中介变量。Witter 和 Senkbeil(2007)曾报告说，那些在自我决定方式下获得计算机技能，并且使用互联网的风格为智慧型的学生的问题解决能力分数和数学成绩显著高

于其他学生。可见,虽然信息获得偏好的功能主要是与查找与学校课程有关的信息、上网学习、搜索生活信息等有关;信息交流偏好是与人聊天,建立自己与他人交流的网页或空间,收发邮件等,也是以此与老师、同学交流感情、讨论学习问题的途径;但是仅仅从互联网上获得信息和交流信息并不能直接影响语文、数学和英语成绩,而是通过获得信息、加工信息,应用信息于学习,获得了信息技能,从而提高了学生解决信息问题的能力,并将这种能力迁移到学科学习中去,才对语文、数学和英语成绩产生积极的影响;同时信息技能的提高也可能会激发学生利用电脑和网络进行学习的兴趣,提高学生的自信心和自我效能感,提高学生交流、应用信息的技巧以及合作学习的精神,从而提高学生的学习成绩。

6.4.5 娱乐偏好与学习成绩

本研究还发现,互联网使用的娱乐偏好可以负向预测学生的语文、数学、英语的学习成绩。这一点前人的研究并未提到。早期的研究曾发现,电子游戏可能会对特定的认知技能如空间表征、图像技能、视觉注意、心理旋转能力等有所促进(Subrahmanyam, Greenfield, Kraut, Gross, 2001)。Bottino, Ferlino, Ott & Tavella(2007)的研究还发现小学生玩益智性计算机游戏对他们的认知发展有促进作用。但是前者报告的研究是现场研究,并不能预测电子游戏对认知技能的长期发展;后者的研究前提是益智性计算机游戏,而且这类游戏是单机版的,不需要上网。国外的研究结果表明,实际上从对青少年的吸引程度上来说,单机版的电脑游戏的吸引力要远远低于在线版的网络游戏,因为单机版的游戏情节都是事先固定的,内容比较固定化和程序化,使用者相对较容易完成所设置的各种游戏任务。而任务一完成,游戏的吸引力立刻就会降低。但网络游戏则不同,因为游戏背后实际上是一个个真实的人,游戏的方式、内容的变化很难预料,因而也较难获得成功,这反而更加增加了它的吸引力[①]。前不久,国家专门出台了相关的规定,要求网络游戏公司在所有的网络游戏中都要加上防沉迷系统,也就是说,一个帐号每天玩游戏超过一定时间,系统则会提出警告或使用户收益降低甚至自动关闭。CNNIC 的调查显示,2007 年 12 月有 36.2%的中小学生网民表示,曾经受到过防沉迷系统的限制。但是这种限制是有限的,有学生表示仍然可以通过用成人的身份证或注册几个帐号等方法来对付之,因此这种系统并不能达到所要的效果。

中国青少年网络协会 2005 年的一份调查显示,与非网瘾群体相比,网瘾群体的上网目的更倾向于娱乐性。网瘾网民更偏重于玩网络游戏,而非网瘾网民则更偏重于借助网络获取信息。娱乐偏好除了玩游戏外,还有网络影视、动画、漫画、小说等内容。根据皮亚杰的认知发展理论,7-11 岁的儿童的认知发展处于具体运算阶段(The Concrete-Operational Stage),他们还停留在具体的形象思维发展阶段,思维发展离不开具体的可感知的事物,如果离开具体事物而进行纯粹形式逻辑推理就会感到困难[②]。对于一生下来就坐在电脑前的新生代孩子来说,电脑里的可爱的动画、令人应接不暇的影视画面,游戏中一个个虚拟的形象,对于处于直观形象思维发展期的孩子的吸引力非常大,相对来说,那些无声的书本要枯燥很多。长期的游戏、动画刺激有可能降低孩子对文字阅读的兴趣、文字的理解能力和学习的兴趣,由此对学习产生负面影响,因此,阅读能力有可能是娱乐偏好影响学习成绩的中介变量。

[①] 赵国栋,等.互联网上的 N 世代:北京市中小学生网络文化研究报告[R/OL].北京:北京大学教育学院教育技术系,2006[2006-11-28].http://www.websurvey.cn.

[②] 林崇德.发展心理学[M].杭州:浙江教育出版社.2002:311-312.

综上所述可知,互联网使用偏好在青少年的互联网使用对学习成绩的影响中扮演了重要的角色。互联网使用是否与学习成绩有关,不仅要看青少年使用互联网的时间是否适当,更重要是要看他们在使用互联网时从事了什么活动,使用了什么功能。

6.5 本章小结

本章主要研究了青少年的不同互联网使用时间、使用偏好、父母文化程度与信息技能、语文、数学、英语成绩之间的关系,通过本章的研究,总体假设3得到部分验证。表6-10是各个具体假设的验证情况。

表6-10 本章假设的验证情况

研究假设	验证与否
H1:不同互联网使用时间的青少年的学习成绩存在差异	
H1.1:互联网使用时间适中的青少年的学习成绩优于使用时间过少的青少年的。	H1.1 全部验证
H1.2:互联网使用时间适中的青少年的学习成绩优于使用时间过多的青少年的。	H1.2 没有验证
H2:父母文化程度在青少年的互联网使用偏好对学习成绩和信息技能的影响中起调节作用	
H2.1:父母文化程度是青少年的互联网使用偏好对语文成绩影响的调节变量。	H2.1 部分验证
H2.2:父母文化程度是青少年的互联网使用偏好对数学成绩影响的调节变量。	H2.2 没有验证
H2.3:父母文化程度是青少年的互联网使用偏好对英语成绩影响的调节变量。	H2.3 部分验证
H2.4:父母文化程度是青少年的互联网使用偏好对信息技能影响的调节变量。	H2.4 部分验证

续表

H3:信息技能是青少年的互联网使用偏好影响学习成绩的中介变量	
H3.1：信息技能是青少年的信息获得偏好影响学习成绩的中介变量。	H3.1 全部验证
H3.2：信息技能是青少年的信息交流偏好影响学习成绩的中介变量。	H3.2 部分验证
H3.3：信息技能是青少年的信息娱乐偏好影响学习成绩的中介变量。	H3.3 没有验证

第 7 章

小学生互联网使用偏好、信息技能、阅读能力与学习成绩的关系研究

7.1 本章研究目的与研究假设

7.1.1 研究目的

在研究四的基础上进一步探讨和验证小学生的互联网使用偏好与信息技能、阅读能力和学习成绩之间的关系;同时整合有关的变量,尝试建立互联网使用偏好对学习成绩影响的模型。

7.1.2 研究假设

H1:阅读能力是小学生的信息技能与学习成绩之间的中介变量。

H2:阅读能力是小学生的娱乐偏好与学习成绩之间的中介变量。

H3:建立的小学生互联网使用偏好对学习成绩影响的假设模型(见图 7-1)有较高的拟合优度,能客观地反映有关变量之间的

关系。

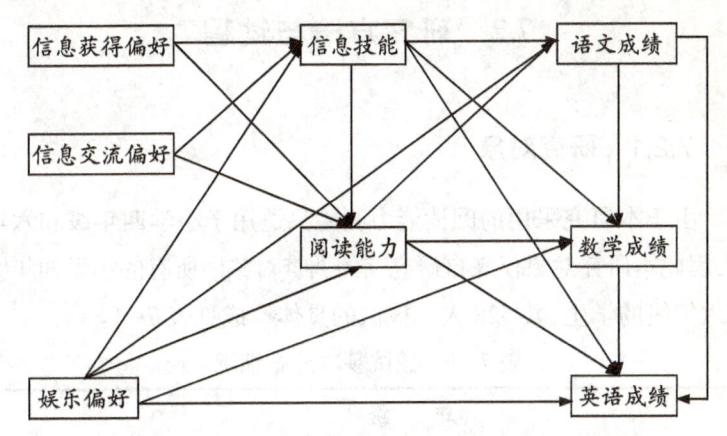

图 7-1 小学生互联网使用偏好对学习成绩影响的假设模型(模型 1)

该模型是建立在以下分析的基础上的：

根据研究四可知，信息技能是信息获得偏好影响语文、数学、英语成绩的完全中介变量，是信息交流偏好影响语文、英语成绩的完全中介变量；娱乐偏好对信息技能有直接的正面影响，娱乐偏好还直接对语文、数学、英语成绩产生负面影响。我们最初根据前人的研究认为信息技能、阅读能力都可能是互联网使用偏好影响学习成绩的中介变量；而且信息的获取、加工和应用提高了问题解决能力，同时也会提高阅读能力，因此阅读能力有可能是信息技能影响学习成绩的中介变量。另外，我们认为长期的游戏、动画刺激有可能降低孩子对文字阅读的兴趣、文字的理解能力和学习的兴趣，因而对阅读能力产生负面影响，所以阅读能力也有可能是娱乐偏好影响学习成绩的中介变量。而语文、数学成绩向来是小学生学习其他学科的基础，学生需要具备一定的识字量、语文阅读水平和数学基础，才能进行其他学科的学习，因此语文成绩应该对数学、英语成绩都有直接的影响；而数学成绩也可能对英语成绩有影响。

7.2 研究方法与过程

7.2.1 研究对象

由于本研究采用的阅读能力测验只适用于小学四年级和六年级,因此本研究对象仅来自研究三的调查对象中所有的小学四年级与六年级的学生,共 528 人。被试的具体构成见表 7-1。

表 7-1 被试基本分布情况

性别	小四(百分比)	小六(百分比)	合计(百分比)
男	147(27.8%)	141(26.7%)	288(54.5%)
女	116(22.0%)	124(23.5%)	240(45.5%)
合计	263(49.8%)	265(50.2%)	528(100%)

7.2.2 研究工具

互联网使用偏好的调查问卷为自编的《青少年互联网使用偏好问卷》、《青少年信息技能评估问卷》。

阅读能力测验采用温鸿博,莫雷(2005)编制的《小学语文阅读能力测评量表》。该量表将小学生的阅读能力分为"微观理解阅读能力"、"宏观理解阅读能力"、"评价阅读能力"和"发散阅读能力"四个方面,共 9 个分测验。其中四年级测验整体 Cronbach α系数为 0.81,六年级测验整体 Cronbach α系数为 0.86;其内容效度、结构效度、效标效度也较为理想。该测验前 8 个测验均为单项选择题,最后一个分测验是"发散阅读",主要是考察"文章独特的领悟与迁移",是主观题,全部测验共需 60 分钟完成。考虑到该测验对小学生来讲时间太长,而且最后一题难以评卷和记分,因此本次测试中只取用了前 8 个分测验,测试时间缩短为 45 分钟。

7.2.3 施测过程

以班级为单位施测,主试为经过培训的各班班主任。《青少年互联网使用偏好问卷》、《青少年信息技能评估问卷》测试时间共 30 分钟左右,阅读能力的测试时间为 45 分钟。阅读能力分数按年级平均数标准差转化为标准分。学习成绩同样取自学生期末考试成绩,按学校各年级平均数标准差转化为标准分。

7.2.4 统计方法

用 SPSS12.0 进行数据的录入和部分统计分析,用 LISREL8.8 进行路径分析。

7.3 研究结果

7.3.1 研究变量的描述性统计结果

采用列删法删去有缺失变量的被试,得到各研究变量的平均数、标准差、相关系数(见表 7-2)。

7.3.2 小学生互联网使用偏好对学习成绩影响的模型验证

为了验证研究本章假设,使用 Lisrel8.8 软件进行路径分析。根据本章最初的假设,我们提出了模型 1(见图 7-1)。

表 7-2　小学生各变量的平均数、标准差、相关系数

变量	M	SD	信息获得偏好	信息交流偏好	娱乐偏好	信息技能	阅读能力	语文成绩	数学成绩
信息获得偏好	2.345	.645							
信息交流偏好	2.021	.709	.398**						
娱乐偏好	2.438	.698	.144**	.401**					
信息技能	45.563	16.301	.480**	.550**	.283**				
阅读能力	-.004	.995	.023	.015	-.074†	.170**			
语文成绩	.019	.950	.106**	.110*	-.148**	.187**	.477**		
数学成绩	.013	.986	.021	.002	-.135**	.165**	.442**	.571**	
英语成绩	.006	.977	.132**	.064	-.103*	.211**	.403**	.588**	.573**

注：N=501　† 0.10 水平显著　** 0.01 水平显著　* 0.05 水平显著

由于模型 1 的提出是在研究四的基础上并结合前人的研究提出的，我们假设阅读能力是信息技能影响学习成绩的中介变量，但有可能信息技能对阅读能力没有影响，因此删去信息技能到阅读能力的路径，得到模型 2。

我们还提出有可能阅读能力是娱乐偏好影响学习成绩的中介变量，但也有可能娱乐偏好对阅读能力没有影响，因此删去娱乐偏好到阅读能力的路径，得到模型 3。

因此一共有 3 个模型进行比较。经统计分析，3 个模型的主要拟合指标见表 7-3。

表 7-3　各模型的主要拟合指标

模型	χ^2	df	χ^2/df	RMSEA	SRMR	GFI	AGFI	NNFI	CFI	ECVI	AIC	ΔAIC
模型 1	17.08	6	2.85	0.061	0.019	0.99	0.95	0.96	0.99	0.16	77.08	0
模型 2	38.90	7	5.56	0.096	0.040	0.98	0.90	0.90	0.98	0.19	96.90	15.89
模型 3	23.01	7	3.29	0.068	0.028	0.99	0.94	0.95	0.99	0.16	81.01	3.93

从总体上看,三个模型中模型1(即本研究中的假设模型)对数据的拟合程度最好。模型1无论是绝对拟合指标还是相对拟合指标都优于模型2和模型3。这说明,信息技能对阅读能力有直接的影响;而且,娱乐偏好对阅读能力有直接的影响。

7.3.3 模型的修改与最终确定

从主要拟合指标的绝对值来看,模型1的各项指标均达到基本要求,但有些路径系数的临界比率不显著,因此删除临界比率不显著的路径,对模型做些修正。因此,信息获得偏好和信息交流偏好到阅读能力的路径、信息技能到数学成绩的路径、娱乐偏好到数学、英语成绩的路径因不显著而被删除。因此得到最终的验证模型,即模型4(见图7-2)。最终模型的主要拟合指标及与最初模型的对比见表7-4。

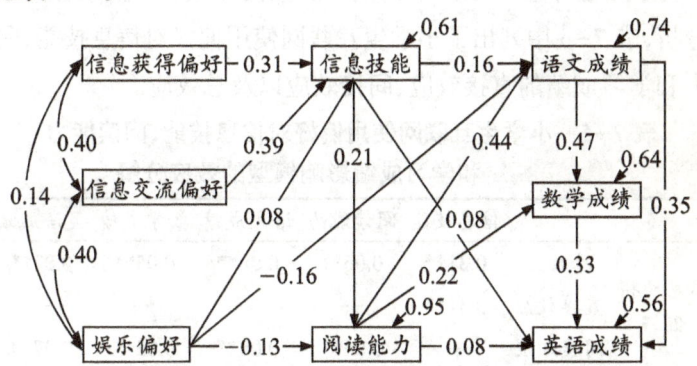

图7-2 小学生互联网使用偏好对学习成绩影响的模型(模型4)

表7-4 最终模型与假设模型的拟合指标

模型	χ^2	df	χ^2/df	RMSEA	SRMR	AGFI	NNFI	CFI	ECVI	AIC	PGFI	PNFI
模型1	17.08	6	2.85	0.061	0.019	0.95	0.96	0.99	0.16	77.08	0.21	0.17
模型4	25.88	11	2.35	0.052	0.023	0.96	0.97	0.99	0.15	75.88	0.30	0.39

修正后的模型对数据的拟合比较理想,各项拟合指标比模型1稍好,而且简约指标 PGFI 和 PNFI 比模型1更为理想。

从最终确定的模型看,小学生互联网使用的信息获得偏好、信息交流偏好和娱乐偏好通过信息技能对语文、英语学习成绩产生积极的影响;信息技能还通过阅读能力对语文、数学、英语成绩产生间接的影响,并通过语文成绩对数学和英语成绩产生间接的影响,语文成绩通过数学成绩和英语成绩产生间接的影响。娱乐偏好直接对阅读能力和语文成绩产生消极影响;娱乐偏好还通过阅读能力对语文、数学和英语成绩产生间接的消极影响,通过语文成绩对数学和英语成绩产生间接的消极影响。

7.3.4　小学生互联网使用偏好的直接效应和间接效应

为了对小学生互联网使用偏好的直接效应和间接效应大小进行分析,表7-5中列出了小学生互联网使用偏好对信息技能、阅读能力和学习成绩的直接效应、间接效应以及总效应。

表7-5　小学生互联网使用偏好对信息技能、阅读能力和学习成绩影响模型的效应分解

		信息技能	阅读能力	语文成绩	数学成绩	英语成绩
信息获得偏好	总效应	0.31**	0.06**	0.08**	0.05**	0.07**
	直接效应	0.31**	—	—	—	—
	间接效应	—	0.06**	0.08**	0.05**	0.07**
信息交流偏好	总效应	0.39**	0.08**	0.10**	0.06**	0.09**
	直接效应	0.39**	—	—	—	—
	间接效应	—	0.08**	0.10**	0.06**	0.09**
娱乐偏好	总效应	0.08**	−0.12**	−0.20**	−0.12**	−0.11**
	直接效应	—	−0.13**	−0.16**	—	—
	间接效应	—	0.02	−0.04**	−0.12**	−0.11**

总的来说,互联网使用的信息获得偏好和信息交流偏好目前对学习成绩的积极影响相对比较小,这一点也与前人的研究相同。Nævdal(2007)研究报告说,在引入计算机和互联网使用的有关变量(时间、内容等)后,对学生英语成绩的方差解释率只提高了2%。Jackson(2006)的纵向研究结果是,使用互联网1年和16个月后互联网使用的变量可以预测GPA分数,ΔF分别是3.09(P<.05)和2.88(P<.05)。而本研究中,信息获得偏好对语文、数学和英语的总效应分别在0.05以上,信息交流偏好对语文、数学和英语的总效应分别在0.06以上,其中信息交流偏好对语文成绩的总效应为0.10。互联网使用的娱乐偏好对学习成绩的负面影响相对比较大,娱乐偏好对语文、数学、英语成绩的负向总效应分别为−0.20、−0.12和−0.11。

7.4 讨 论

7.4.1 小学生的娱乐偏好与学习成绩

研究五与研究四相比增加了一个阅读能力的变量,而我们发现小学生的娱乐偏好对阅读能力和语文成绩有直接的消极影响,并通过阅读能力和语文成绩对英语和数学成绩有间接的消极影响。这一点印证了我们在研究四中的分析,长期的游戏、动画刺激有可能降低孩子对文字阅读的兴趣、文字的理解能力。美国著名媒体发展心理学家卡尔弗特在其《信息时代的儿童发展》一书中写道:"许多人相信,由于新技术消耗掉了越来越多的课余时间,因此儿童丧失的最多的是阅读书籍的时间和由此培养起来的各种文化技能。"在有关电视对儿童阅读的影响的研究中发现,收看电视会阻碍阅读能力的发展。每天收看电视4小时以上的人其阅读能力是较差的;当然,如果儿童收看的是某些教育性的节目就会对阅读有着积极的作用。一些研究者相信电视导致儿童阅读能力退化的一个原因在于他们认为电视主要是视觉符号系统而不是文学符号系统。广播和书籍依赖文字呈现内容,而电视却依赖图像和文字一起来呈现内容。在闲暇的时间,儿童为了娱乐就过度地依赖电视,这种状况阻碍了儿童培养起阅读兴趣,于是他们就会由于缺乏练习而处于较低的阅读技能水平。网络游戏更是依赖图像来呈现内容,文字几乎没有,而且网络游戏还是互动的,比电视更有吸引力,更容易造成阅读能力退化,并降低儿童的阅读兴趣[①]。

而小学生的学习中,语文阅读能力是非常重要的,对语文、数学和英语成绩都有相当大的影响。可见,我们的教育、心理学工作者应该积极应对这种对网络游戏、影视动画的娱乐偏好对小学生的阅读能力和学习成绩带来的消极影响,想方设法使阅读活动生动有趣、符合孩子的年龄特点,引导他们喜爱阅读活动,提高阅读的兴趣和能力。

7.4.2 小学生的信息技能与阅读能力、学习成绩

本研究还发现阅读能力是信息技能影响学习成绩的部分中介变量,可见学生在获得信息、加工信息和应用信息的过程中不断地提高了解决信息问题的能力,从而迁移到阅读活动中去,而阅读活动中无论是"微观理解阅读"、"宏观理解阅读"还是"评价阅读"都需要问题解决的能力,所以阅读水平相应得到了提高。同时信息技能的提高也可能会提高学生的自信心和自我效能感,提高他们利用电

---

① [美]桑德拉.L.卡尔弗特 著.张莉,杨帆 译.信息时代的儿童发展[M].北京:商务印书馆,2007:45-50.

脑和网络进行阅读的兴趣,提高交流、应用信息的技巧以及合作学习的精神,从而提高学生的阅读能力。而对于小学生来说,阅读能力又是进行其他学科学习的基础,所以信息技能会通过对阅读能力的积极影响而对语文、数学成绩产生积极的影响。

7.4.3 小学生互联网使用偏好对学习成绩影响的模型

本研究建立的小学生互联网使用偏好对学习成绩影响的模型拟合优度指数较好,其中 $\chi^2/df < 3$,RMSEA < 0.06,SRMR < 0.03,AGFI、NNFI、CFI 均在 0.96 以上,说明该模型能够从整体上客观地反映互联网使用偏好与信息技能、阅读能力和学习成绩之间的关系。从中可以看出,小学生的信息获得偏好和信息交流偏好对学习成绩和阅读能力有一些积极影响,但是娱乐偏好对小学生的阅读能力和学习成绩的消极影响相对比较大。

互联网毕竟还只是一种新兴的媒介和工具,它并不能在人们生活中起到主导作用,比起影响学生学习成绩的其他变量,如学生认知水平、学习兴趣以及学校、班级、教师、父母文化程度、家庭教育方式等,互联网使用的影响力还是相对小得多。但是,我们要注意到,互联网使用的娱乐偏好对学习成绩的负面影响比较大,娱乐偏好对语文、数学、英语成绩的负向总效应分别为 -0.20、-0.12 和 -0.11。可见目前我们的青少年只是更多地使用互联网进行娱乐,把互联网当作学习的工具,利用互联网进行学习、交流和扩大知识面的青少年还相对较少。因此,学校和家庭要加强信息技术、网络使用的教育,更好地引导学生学会利用互联网的优势来从事与学习有关的活动。总之,互联网时代已经来临,现在还只是开始,它将越来越多地融入我们的生活,对青少年的学习、生活乃至身心发展产生越来越大的影响,我们不可小觑它的力量。

7.5 本章小结

本章主要研究了小学生的互联网使用偏好与信息技能、阅读能力和学习成绩之间的关系，并建立了小学生互联网使用偏好对学习成绩影响的模型。通过本章的研究，H1、H2、H3均得到验证；总体假设3得到部分验证。

第8章

青少年的互联网使用与信息技能、阅读能力和学习成绩

8.1 青少年互联网使用偏好的特点与发展趋势

有关青少年互联网使用的内容和功能的分类存在着不同的看法,国外一般分为三类:社交、信息和娱乐;国内的研究对大学生、成人和青少年的分类也不尽相同。不过,青少年的使用内容的偏重应该是和成人、大学生有所不同。CNNIC 将互联网使用的偏好分为信息渠道、沟通工具、娱乐工具、生活助手四类,但是考虑到生活助手中的网络银行、购物、旅行等功能小学生和初中生很少使用,所以本研究将其中的"网络教育"划入信息类,将青少年互联网使用的主要内容分为信息获得偏好、信息交流偏好和娱乐偏好三类。本调查显示,中小学生的互联网使用偏好的排序是是娱乐偏好>信息获得偏好>信息交流偏好。娱乐偏好分数最高,与 CNNIC 的研究结果相同。但 CNNIC 的调查是娱乐工具>沟通工具>信息渠道>生活助手,可能是因为他们的调查对象年龄在 6–24 岁,年龄越大,交流的需求也越高;而本研究的对象主要是小学生和初中生,他们通过互联网获得信息和学习的愿望可能大于交流,而且他们因为年龄小,交

流的需求和技巧还相对较弱。这一点也与赵国栋等(2006)的研究结果大致相似,他对北京市的中小学生的调查结果显示,学生们在家里使用计算机时,居前三位的最喜欢做的事情分别是:"上网看新闻和查找资料"(54.2%),"听音乐"(44.2%)和"电脑游戏"(43.5%)。

在互联网使用偏好的发展趋势上,信息交流偏好和娱乐偏好存在着年级与性别的交互作用。小学六年级是青少年信息交流偏好和信息获得发展偏好的关键时期,这一时期开始,学生开始倾向于使用互联网来获得各种需要的信息,包括进行学习;从小学六年级开始,女生开始更喜欢利用互联网与人进行交流。这也是与青少年身心发展规律相适应的。研究也发现,男生的娱乐偏好分数整体大于女生的,女生的娱乐偏好从小学四年级到初一一直处于上升趋势,男生则从小学四年级到初二没什么差别,一直都比较高。这需要引起父母和教育工作者的注意。

8.2 青少年信息技能的特点与发展趋势

本研究通过专家咨询,得出青少年的信息技能的三个维度:信息获取技能、信息加工技能和信息应用技能。青少年信息技能的结构与对大学生和成人的研究结果相似,但其二级指标和三级指标稍有不同。如信息获取技能包括信息搜索技能和信息储存技能,而没有辨识各种信息源的技能;信息加工技能包括信息评价技能和信息处理技能,其中信息评价技能没有包含对自己使用信息的效果的评价;信息应用技能也只有信息使用技能和信息交流技能,没有重组信息和创造新信息的技能。这是因为青少年辨识各种信息源的能力、对信息的判断和评价能力还较弱,对信息的深层次加工、重组和创造能力也较为有限,因此这些方面的能力并非青少年信息技能评估的要点或重点。

随着年级的上升,信息技能有上升趋势,这说明,随着学生年龄的增加和受教育的年限增加,信息技能也在不断提高。因为深圳市不但大多数家庭拥有电脑并连接了网络,学校在信息技术教育方面也非常重视。深圳市教育局2004年开始要求从小学一年级开设信息技术必修课,每周一节。许多学校不断探索新型教育教学模式,逐步形成了多媒体组合教学,多媒体计算机环境下的启发式教学和多媒体网络环境下的自主学习等教学模式,在这种教学模式下,教师角色从知识的讲解者转变为学习指导者,学生地位由被动接受者转变为主动学习者,教材则由单一的文字教材发展为集文字、音像、光盘和远程资料的信息集合,教学过程向信息化方向发展,提高了教学效率和质量,因此学生的信息技能随着年级升高而提升。本次调查还发现初一年级的女生信息技能总分、信息获取技能、信息加工技能均高于男生;虽然在小学四、五、六年级男生的信息加工技能高于女生即他们更擅于评价和处理信息,但是女生的信息应用技能均高于男生,即她们更擅于使用和交流信息。这说明,小学四年级是女生信息应用技能发展的关键期,初一年级是女生信息获取技能、信息加工技能发展的关键期,这几个时期女生的信息技能得到迅速发展,可以赶超男生,到了初二年级,信息技能就基本没有性别差异了。这也显示,初二以下的男生、女生在信息技能的三个方面发展并不平衡,男生、女生各有所长。

8.3 青少年互联网使用的总体状况

本次调查发现,1277名深圳市青少年中,家庭拥有电脑、接入互联网的比例以及网龄平均数都大大高于北京市的调查。这说明,在经济发达的沿海大城市深圳,互联网使用者低龄化发展趋势更加明显,初中生以及小学高年级学生已经成为互联网使用的重要群体。在使用时间上,年级和性别存在交互作用。小学生中男生的使用时间显著多于女生,而到了初中,男生与女生的使用时间没有差异。不过总体来讲,男生的使用时间超过女生的,初二的使用时间最多,这一点与他人的研究大致相同。女生的使用时间随着年级的升高呈上升趋势,但从小学六年级到初一之间有所停滞;男生的使用时间总趋势是从小学四年级到小学五年级迅速上升,从小学六年级开始有所下降,到初二又显著回升,可能是受小学六年级的升学压力影响。

不过,该城市青少年互联网每周使用时间低于CNNIC的2007年7月报告的全国小学生每周平均上网5.7小时和中学生平均上网7.5小时。原因可能是这些孩子主要是在家中上网,而父母对此管理比较严格,超过一半的父母对孩子上网的时间、内容、次数都有规定,还有6.8%的学生被禁止在家中上网。但是,只有5.8%的学生父母对孩子上网加以引导,仍有近1/3的学生家长没有对孩子上网加以管理,而这些孩子每周上网42小时或以上。可见对于中小学生使用互联网的管理和引导非常重要。

8.4 青少年互联网使用偏好与信息技能、阅读能力的关系

该研究是对互联网使用偏好影响学习成绩的研究的基础。

8.4.1 信息获得偏好、信息交流偏好、父母文化程度与信息技能

本次调查发现,互联网使用的信息获得偏好、信息交流偏好对

信息技能有较强的直接影响,但娱乐偏好对信息技能的影响稍弱。信息获得偏好主要包括查找课程信息、上网学习、浏览新闻、查询生活信息、学习电脑技术等功能;信息交流偏好则主要有写博客、维护个人主页、发帖子、留言、收发邮件等功能,这些功能都需要用户掌握一定的搜索技巧、计算机技能和编辑文字的能力等。信息技能是一种重要的认知技能,是用户通过获取信息、加工信息和应用信息来解决信息问题的一种认知技能。如果青少年登陆互联网是为了获取自己所需要的信息,并且对这些信息进行加工和应用,用于自己的学习或与他人的交流上,这样就会大大地提高青少年的信息技能。而娱乐偏好主要包括在网上看影视、动漫、玩游戏、下载软件等内容,只需要找到这些内容,很少需要对这些信息再进一步加工和应用,所以娱乐偏好对信息技能的影响较小。

本次调查还发现,父亲文化程度是信息交流偏好影响信息技能的调节变量,父亲文化程度越高,信息交流偏好对信息技能的正向影响就越大。父亲的文化程度越高,可能在网络技能和信息技能上受到更多的教育,就能掌握更多的相关技巧和能力,因此可以更好地指导青少年运用互联网与他人交流,从而使青少年学习到加工信息和应用信息的技巧,信息技能的水平得到提高。

8.4.2 娱乐偏好与阅读能力

我们发现小学生的娱乐偏好对阅读能力和语文成绩有直接的消极影响,并通过阅读能力和语文成绩对数学、英语成绩有间接的消极影响。这说明,长期的游戏、动画刺激会降低孩子对文字阅读的兴趣、文字的理解能力,从而使小学生减少阅读量,不愿进行阅读训练,因此阅读能力会下降。而小学生的学习中,语文阅读能力是非常重要的,对语文成绩、数学成绩和英语成绩都有相当大的影响。

可见,我们的教育、心理学工作者应该积极应对这种互联网的娱乐偏好对小学生的阅读能力和语文、英语成绩带来的消极影响,针对小学生思维发展的年龄特点,设计出生动有趣、符合孩子的年龄特点的阅读材料和阅读活动,引导他们喜爱阅读活动,提高阅读的兴趣和能力。

8.5 青少年互联网使用与学业成绩的关系

8.5.1 互联网使用时间与学习成绩

本研究发现,互联网使用时间适中(每周8小时以下)的青少年比使用时间过少(每周不到半小时或不用)的语文、英语和数学成绩要好,这与国外的一些研究结果是相同的。可见学生需要每天花一定的时间在互联网上才能对学习提高产生效果,使用时间适中才有益于学习成绩的提高。本研究并没有发现互联网使用时间适中的青少年比使用时间过多的青少年的成绩好,这可能是因为其实还要看使用时间过多的青少年主要在网上从事什么活动。但是从长期来讲,使用互联网的时间过多是不太好的,会占用过多的学习和户外活动的时间,如果玩游戏过多、时间过长还有可能造成成瘾行为。

8.5.2 父母文化程度在互联网使用偏好影响学习成绩中的调节作用

我们发现父亲的文化程度在娱乐偏好对语文成绩的影响和信息获得偏好对英语成绩的影响中起到了调节作用;即对父亲文化程度较低的青少年来说,娱乐偏好对语文学习成绩的负向影响更大;

而当父亲文化程度低的时候,信息获得偏好越高,英语成绩越好。

前人有研究发现高 SES 的家庭在电脑和互联网的使用上受益更多。但是本研究却发现,父亲文化程度高的青少年,信息获得偏好对英语成绩没有影响,反而在父亲文化程度低的青少年中有影响。这可能是因为,英语的学习更多地需要父母的指导(特别是学习方法和学习内容的指导),文化程度较低的父亲不能进行指导,于是孩子可能更多地借助网络等工具来学习,这样一方面提高了学生的自学能力,另一方面,网上许多软件的说明是英文的,有些网站是英文的,经常阅读英文说明或网页可能会提高英语词汇量和阅读能力,因此提高了英语的学习成绩。所以父亲文化程度低的孩子如果信息获得偏好高,就更多地从中受益。而在父亲文化程度高的家庭中,父亲在孩子的英语学习中可以给予更多指导,所以孩子是否上网学习就影响不大。

一般来说,我国的家庭中,男性使用互联网的比例比女性要高,在父亲文化程度低的家庭中,父亲可能很少具备网络技能,不能对孩子的互联网使用加以指导,所以他们的孩子一旦接触网络,更多地是用来娱乐,因此对于父亲文化程度较低的青少年来说,娱乐偏好对语文学习成绩的负向影响更大。因此我们要重视互联网使用在低文化程度的父母中的普及,以便他们更好地引导孩子利用互联网进行学习。

8.5.3 信息技能、阅读能力在互联网使用偏好影响学习成绩中的中介作用

在青少年互联网使用与学习成绩的关系中,更重要的是互联网使用偏好对学习成绩的影响,即青少年在使用网络时主要使用了什么内容和功能。

8.5.3.1 信息获得偏好、信息交流偏好与信息技能、阅读能力和学习成绩

前人有研究发现,互联网使用的内容偏好对学生多个学科的成绩都会产生一定的影响。本研究在前人研究的基础上,加入了信息技能和阅读能力来解释互联网使用的内容对学习成绩的影响。结果发现,信息技能是信息获得偏好、信息交流偏好与阅读能力、语文、英语学习成绩之间的中介变量,信息技能还通过阅读能力和语文成绩对其他学科的成绩产生影响。

信息获得偏好中,青少年使用最多的功能是"查找和阅读与课程学习有关的信息",其次是上教育网站学习,网络上拥有大量的新技术和新知识,这些资讯和信息可以扩大知识面,开拓青少年的视野,同时网上还有很多解决问题的方案、各种例题等,青少年可以在网上寻找到问题的答案和解决的方法,甚至还可以进行询问、与人讨论等。信息交流偏好中,青少年最多使用的是网上聊天,可以方便地跟同学讨论学习问题;青少年还可以通过在个人空间里写文章和感想来锻炼写作能力、浏览他人的文章还可以扩大阅读面等。青少年通过使用信息获得偏好和信息交流偏好的相关功能,获得信息、加工信息并应用信息于学习,从而提高了信息技能,提高了分析归纳问题的策略和独立解决信息问题的能力,并迁移到阅读活动以及语文、英语的学习活动中去,所以阅读水平、语文、英语成绩都相应得到了提高。同时信息技能的提高也可能会提高学生的自信心和自我效能感,提高交流、应用信息的技巧以及合作学习的精神,提高学生利用电脑和网络进行阅读和学科学习的兴趣,从而提高学生的阅读能力和学习成绩。而对于小学生来说,阅读能力和语文是进行其他学科学习的基础,所以又通过阅读能力对英语和数学学科的学习产生了影响。

8.5.3.2 娱乐偏好与阅读能力和学习成绩

本研究还发现,互联网使用的娱乐偏好可以直接对学生的语文成绩和阅读能力产生消极影响,阅读能力也是娱乐偏好影响学习成绩的中介变量。而阅读能力和语文成绩是中小学生学习其他学科的基础,如果阅读能力和语文成绩下降,势必也对其他学科产生不良影响。这一点虽然前人的研究并未提到,但是在很多教师和父母的眼中,网络游戏、黄色网页等有害孩子的身心健康,很多学生是因为迷恋网络游戏而荒废学业甚至网络成瘾,这也是不少教师和家长禁止孩子接触互联网的主要原因。

中小学生玩网络游戏的问题一直是社会关注的热点。有研究显示(中国青少年网络协会,2005),网瘾网民更偏重于玩网络游戏。CNNIC2007年的调查也显示,青少年玩网络游戏比例惊人,网民的年龄越小,玩网络游戏的比例越高。在18岁以下的网民中,有73.7%的青少年网民都玩过网络游戏。低年龄、低收入和低学历是网络游戏用户的三个突出特点。2007年底中小学生(包括高中、初中和小学在校生)玩网络游戏的规模已经达到3682万人,占到总体中小学生的17%,占中小学生网民人数的73.1%。游戏时间是平均每周3.3个小时,每周游戏时间超过10个小时的占中小学生网络游戏用户的5.5%(见图8-1)。

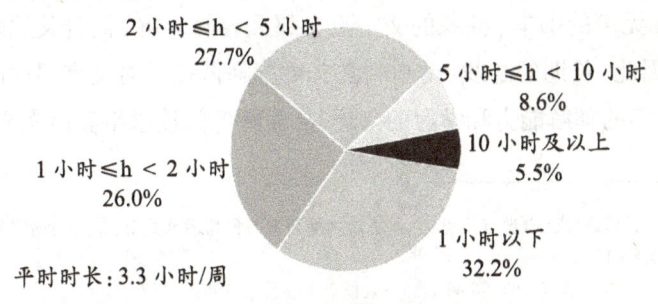

图8-1 中小学生每周玩网络游戏的时间

Livingstone在对有屏幕娱乐经验的少年进行访谈时发现:当孩子们说到游戏时,不断出现的字眼是"控制"、"挑战性"、"自由"。互动游戏的过程,是玩家掌握游戏规则、解析游戏的内在机制、通过学习来获得能力以控制虚拟情境中的角色、事物的过程。通过这一过程,玩家可以获得相当的成就感[1]。这是网络娱乐对孩子充满吸引力的原因之一。此外,同辈群体的影响以及家庭、学校的不良环境也是许多青少年接触网络游戏的诱因。

朱智贤曾指出,小学阶段儿童思维的基本特点是:从以具体形象性的思维为主要形式逐步过渡到以抽象逻辑思维为主要形式。但这种抽象逻辑思维在很大程度上仍然是直接与感性经验相联系的,仍然具有很大成分的具体形象性[2]。林崇德也研究发现,少年期(主要是初中生)思维的抽象概括性虽然已经有了很大的发展,但由于需要具体形象的支持,因此,其思维主要属于经验型,理论思维还很不成熟。初二年级才是中学阶段思维发展的关键期,此时他们的抽象思维才由经验型水平向理论水平转化[3]。娱乐偏好中,青少年使用最多的功能是"玩游戏",其次是"看动画片、Flash等其他视频",网络中的游戏、影视、动画、漫画等内容,正好符合小学生和初一、二年级学生具体形象思维发展的需要,图画、动画、声音的结合,虚拟的各种人物、动物形象,他们都非常喜爱,并容易理解和接受。相对来说,无声的书本、抽象的文字没有那么容易理解,而且又比较枯燥。因此,长期的游戏、动画刺激有可能降低孩子对文字阅读的兴趣、文字的理解能力和学习的兴趣,从而降低阅读水平和语文成绩,

---

[1] 杨鹏.游戏、心理与环境:以系统思维综合对待网络游戏成瘾[J].中国青年研究,2006(6):8-12.
[2] 朱智贤.儿童心理学[M].北京:人民教育出版社.1981:344.
[3] 林崇德.发展心理学[M].杭州:浙江教育出版社.2002:380-381.

对学习产生一系列负面影响。张向葵认为,电脑网络的突出特点是它具有高度的综合性,超越简单文字或静态图像,因此也造就了多媒体人的思维模式:形象思维能力发达,而抽象逻辑思维能力较差。因为信息的高度图像化必然使青少年习惯于放弃思考和追问本质的思维方式,它的形象化倾向会诱导青少年用"看"的思维方式来认知世界,而排斥"想"的方式。或者更进一步说,青少年通过"看"来认识事物现象及本质,不必再用脑来思考深层次的东西……这势必要导致未来一代抽象逻辑思维能力的退化[①]。对于娱乐偏好是通过何种机制对阅读能力和语文成绩产生负面影响的,还需要更进一步地深入研究。

8.6 对教育实践的启示

(1)学校、家庭要积极引导孩子将互联网作为学习、交流的工具,并重视信息技能的培养和教育。

互联网使用的信息获得偏好和信息交流偏好通过信息技能而对阅读能力和学习成绩有积极的影响,说明我们的教师和家长要合理看待青少年的互联网使用,看到它对学习成绩的积极一面,积极培养孩子的信息获得偏好,教会他们合理利用交流工具,引导孩子将互联网作为学习和交流的工具。在我国,互联网的发展趋势相当迅速,很多大中城市的学校也很重视利用互联网进行学科教育。虽然目前互联网使用对学习成绩的影响力现在还比较小,但是随着基础教育改革与课程整合的推进,这种影响会越来越大。本研究发现,小学六年级是信息获得偏好和信息交流偏好发展的重要时期,

---

[①] 张向葵.青少年心理问题研究[M].长春:东北师范大学出版社,2004:156.

学校和家庭要抓住这个好的契机,从小学阶段开始就积极引导和培养孩子运用互联网进行学习和交流。

同时,由于信息技能对学习成绩有直接的影响,学校要重视信息技能的培养和教育,重视并改进信息技术教育课的教学内容、方式及教学思想;而且不能把信息技术教育课作为一门孤立的课来上,要把信息技能、信息素养的培养与学科教育和研究性学习结合起来,让计算机和网络成为他们学习过程的一个非常重要的辅助工具,通过网络加强师生交流、小组合作,从而帮助他们提高学习效率,提高动手操作能力和问题解决能力;同时还要提倡以现代信息技术为手段,开展各科的教学应用和教改实验研究。在学校教学中教师利用计算机和网络进行教学,在家庭中父母合理使用计算机和网络,都可以加深青少年对计算机和网络作为一种技术工具和学习工具的认识,对青少年合理使用网络也有着重要的榜样和示范作用。

(2)学校、家庭和社会要正确对待娱乐偏好对学习成绩的负面影响。

虽然互联网使用的娱乐偏好通过降低阅读能力而影响学习成绩,但是我们没必要因此而视互联网为洪水猛兽,将之拒之门外;而是要积极引导孩子正确使用和利用互联网,让孩子充分认识到互联网的利弊;另外还要培养孩子的学习兴趣,开展广泛的课外活动如体育、舞蹈、绘画等,丰富孩子的娱乐生活,让孩子的娱乐不要只局限在玩网络游戏上。同时,我们自身也要积极地研究网络游戏,尽量开发出有益身心的绿色游戏、有益于培养孩子阅读兴趣和水平的教育游戏、益智游戏,给孩子更多、更好的选择。卡尔弗特认为,当一项技术的信息传送系统与儿童的思维方式一致的时候,儿童的注意和学习将达到最大化的效果。教育性电视节目在教授概念时比传统的教授方式更加有效,尤其是在引起儿童的兴趣和激励学习方面表现突出。这意味着教育可以是快乐的,通过娱乐的方式可以提高儿童对基本教育内容的掌握程度[1]。同样,教育性游戏也可以使儿童把学习变成一件快乐的事,不知不觉学到很多知识。2004年底,上海市教委公开向社会征集动画片和网络益智游戏,这显示教育部门已经从被动的抵制变成开始主动出击[2],我们期待更多这样的行动。

(3)父母也要积极学习网络知识和技巧,以便更好地指导和教育孩子合理使用网络。

网络知识的普及很重要,特别是在文化程度低的家庭中,对父母进行相关的网络知识的培训,可以让这些父母更好地指导和教育孩子正确使用网络、合理利用网络。美国学者Don Tapscott(Tapscott,1998)在书中写到:"这是人类文明发展的头一遭,孩子们可以教育年纪较大的人们,因为孩子们更娴熟于使用电脑,所以父母、老师及其他成人等,都向孩子寻求与电脑相关的资讯及协助"。因此,我们的父母不能落后于时代,落后于孩子,只有与时俱进,才能更好地教育孩子。

(4)父母需要对孩子的互联网使用时间加以控制。

在适当的时间内使用互联网才会对青少年的成绩有好的促进,而青少年的自制力还有限,父母需要注意孩子使用互联网的时间并加以控制。因为本研究发现,有5%的孩子的使用时间在每周14小时以上,也有1/3的父母对孩子使用互联网没有限制。孩子使用互

---

[1] [美]桑德拉.L.卡尔弗特著.张莉,杨帆译.信息时代的儿童发展[M].北京:商务印书馆,2007:342-351.

[2] 孙雪冬,张丽.用多元智能理论构建教育网游新体系[J].中小学信息技术教育,2007(4):47-48.

联网的时间过多,不仅会影响正常学习、户外活动的时间,而且还有可能有发展为网络成瘾,严重影响孩子的身心健康。

8.7 研究的创新点与不足

8.7.1 本研究的创新点

(1)编制了青少年互联网使用偏好问卷和青少年信息技能评估问卷。

青少年互联网使用偏好主要是一个三维结构,由信息交流偏好、娱乐偏好和信息获得偏好组成。青少年的信息技能是一个三维结构,由信息获取技能、信息加工技能、信息交流技能三个方面组成。本研究编制的青少年互联网使用偏好问卷和青少年信息技能评估问卷具有较好的信度和效度,符合测量学的要求,为进一步研究互联网使用与青少年认知发展和学习成绩的关系提供了相应的工具。

(2)探讨了互联网使用影响青少年学习成绩的机制,并建立了互联网使用偏好影响学习成绩的模型。

前人虽然对互联网使用与青少年学习成绩的关系做了研究,但并未证实互联网使用的变量是通过何种途径对青少年学习成绩产生影响的。本研究先通过多层回归分析对互联网使用偏好影响学习成绩的调节变量和中介变量进行了分析,然后运用路径分析建立了互联网使用偏好影响学习成绩的模型。结果发现,父亲文化程度在信息获得偏好对英语成绩的影响、娱乐偏好对语文成绩的影响中起到了调节作用;信息技能是信息获得偏好、信息交流偏好与语文、英语学习成绩之间的完全中介变量。本研究还发现,阅读能力是信息技能影响学习成绩的中介变量,阅读能力还是娱乐偏好和学习成绩之间的中介变量。这说明,互联网使用偏好是影响学习成绩的远端变量,仅仅只考虑它的直接影响是不够的。这些都为这一领域的研究做了一些探索和铺垫,有助于深入了解互联网使用与青少年认知发展和学习成绩的关系。

8.7.2 本研究的不足之处

本研究对互联网使用与青少年的认知发展和学业成绩之间关系做了一些探索性的研究,由于条件所限,尚存在一些不足之处。

(1)样本的分布范围较窄

研究仅选取了深圳市城区学校部分年级的学生(这些学生大部分具有常住户口),因此研究结论的普遍性还有待进一步验证。比如,是否适用于深圳市暂住户口的学生?是否适用于中西部城市学校的学生?是否适用于小学低年级学生或者高中学生?

因此,本研究的结论还需要在更大范围内进行验证。

(2)研究方法也存在一定的局限性

由于条件所限,关于青少年互联网使用的情况均由学生自己报告,可能存在一定的偏差。如果能够通过技术手段记录学生使用的时间和主要使用的内容,得到的数据会更加真实。当然这样对经费和技术的要求会比较高,对于一些同时使用的功能的区分技术也要求比较高。

由于本研究严格来讲还只是一个相关研究,并不能说明因果关系。因此有条件地话,开展实验研究、追踪研究,才能真正说明互联网使用与青少年认知发展和学习成绩之间的因果关系。

(3)对认知发展和学业成绩的中介变量和结果变量的选择有限

互联网使用可能还对青少年认知发展的很多方面产生影响,如问题解决能力、创造性思维、概念发展、认知能力等。由于这方面的研究较少,量表的选择和评判也存在困难,所以难以将所有的变量纳入进来。本研究选择了阅读能力和信息技能,而且阅读能力由于量表的问题还只局限在小学生中,因此还有一定的局限性。

在今后的研究中要注意研究样本的扩大、研究方法的综合化、研究工具的进一步开发以及研究内容的深化、细化和扩展。例如以后对于高中学生还有初三学生、小学低年级学生甚至幼儿都要开展相应的研究,还可以开展不同地区、不同学校、不同班级和不同家庭的比较研究。还要更多地利用网络从自然状态下直接获得数据,因为儿童青少年在网上都是匿名的,所以他们的言论和报告更接近真实,这比传统的网上或网下问卷调查(自我报告)更加可信。另外,还要积极地开展有关认知发展能力如阅读能力、问题解决能力、发散性思维能力等的测量工具的引进、开发和修订。在研究内容上也还有很多方面需要深入,例如信息技能是通过何种途径影响青少年的阅读能力和学习成绩的?是否与问题解决能力、学习兴趣、自信心以及自我效能感有关?互联网使用的娱乐偏好是如何影响阅读能力和语文学习成绩的,哪些具体的功能和具体的网络游戏在产生影响?网络游戏是否对青少年的逻辑思维能力和社会性发展有影响?等等。

8.8 总体结论

8.8.1 青少年互联网使用偏好问卷及青少年信息技能评估问卷的编制

(1)青少年互联网使用偏好主要是一个三维结构,由信息交流偏好、娱乐偏好和信息获得偏好组成。本研究编制的青少年互联网使用偏好问卷具有良好的信度和效度，符合测量学的要求，可作为进一步研究互联网使用的工具。

（2）青少年的信息技能是一个三维结构，由信息获取技能、信息加工技能、信息交流技能三个方面组成。本研究编制的青少年信息技能评估问卷具有较好的信度和效度，符合测量学的要求，可作为进一步研究信息技能的工具。

8.8.2 青少年的互联网使用时间、互联网使用偏好、信息技能在人口学变量上的差异

（1）在使用时间上，小学生中男生的使用时间显著多于女生的；女生的使用时间随着年级的升高呈上升趋势。

（2）总体来讲，青少年的信息交流偏好都随年级上升有增大趋势；从小学六年级开始到初二，女生的信息交流偏好均高于男生的。男生的娱乐偏好高于女生。女生的信息获得偏好高于男生的。

（3）总体来讲，随着年级的上升，信息技能总分、信息获取技能、信息加工技能和信息应用技能均呈上升趋势；女生的信息应用技能高于男生的；另外，初一年级女生信息技能总分、信息获取技能、信息加工技能的分数均高于男生的，小学四、五、六年级男生的信息加工技能高于女生的。

8.8.3 青少年的互联网使用偏好对信息技能和阅读能力的影响

（1）青少年的信息获得偏好、信息交流偏好和娱乐偏好均对信息技能有积极的直接影响。

（2）父亲文化程度对信息交流偏好影响信息技能起到调节作用，即父亲文化程度越高，信息交流偏好对信息技能的正面影响越大。

（3）小学生的娱乐偏好对阅读能力有消极的直接影响。

8.8.4 青少年的互联网使用时间和使用偏好对学业成绩的影响

（1）互联网使用时间适中的青少年的语文、数学、英语成绩比使用时间过少的要好。

（2）父亲文化程度在互联网使用偏好对学习成绩的影响中起到调节作用。当父亲文化程度较低的时候，信息获得偏好越高，英语成绩越好。父亲文化程度低的青少年的娱乐偏好对语文成绩的负面影响比父亲文化程度高的青少年的更大。

（3）互联网使用的信息获得偏好、信息交流偏好对语文、数学、英语成绩有积极的影响。信息技能是信息获得偏好、信息交流偏好影响语文、英语学习成绩的中介变量。阅读能力是信息技能影响语文成绩的中介变量、以及信息技能影响数学成绩的中介变量。

（4）互联网使用的娱乐偏好对语文、数学、英语成绩有消极的影响。阅读能力和语文成绩是娱乐偏好影响数学和英语成绩的中介变量。

8.8.5 互联网使用偏好影响学业成绩的模型

本研究建立的小学生互联网使用偏好对学习成绩影响的模型拟合较好，能够从整体上客观地反映互联网使用偏好与信息技能、阅读能力和学习成绩之间的关系。

第9章
青少年互联网使用研究最新进展

从2007年12月我的以上研究结束至今,又有6年过去了,这6年多的时间里互联网世界又发生了天翻地覆的变化。

首先,中国的互联网普及率大大提升。按照国际通用的对网民的定义(半年内使用过互联网的6周岁及以上公民[①]),根据中国互联网络信息中心2014年7月提交的第34次中国互联网络发展状况统计报告,截至到2014年6月,我国网民规模达6.32亿,互联网普及率为46.9%。而根据中国互联网络信息中心2008年1月提交的第21次中国互联网络发展状况统计报告,截止到2007年12月31日,中国网民人数是2.1亿。也就是说,在这短短的6年多时间里,中国网民人数增加了2倍。2007年底的时候,中国互联网普及率仅为16%,这一普及率仅相当于美国1998年的水平,比全球平均水平19.1%低3.1个百分点,与互联网发达国家冰岛(86.3%)、美国(69.7%)等差距很大,日本、韩国和俄罗斯的互联网当时的普及率分别是68%、66.5%和19.5%。而目前,中国的互联网普及率已然超过了30%的世界平均普及率。

---

① CNNIC(中国互联网络信息中心).第20次中国互联网络发展状况统计报告[R/OL].2007-07[2007-9-25].http://www.cnnic.net/index/0E/00/11/index.htm.

第二,手机上网与即时通讯相辅相成增长,成为互联网发展的新动力。截至 2014 年 6 月,我国网民上网设备中,手机使用率达 83.4%,首次超越传统 PC 整体使用率(80.9%),手机已经成为中国人上网的第一终端,也是新增网民第一来源。手机上网的发展不仅推动了中国互联网的普及,还推动了即时通信和电子商务的迅速发展。截至 2014 年 6 月,我国即时通信网民规模达 5.64 亿,比 2013 年底增长了 3208 万,半年增长率为 6.0%。即时通信使用率为 89.3%,较 2013 年底增长了 3.1 个百分点,使用率仍高居第一位。手机网络音乐、手机网络视频、手机网络游戏和手机网络文学的网民规模相比 2013 年底分别增长了 21.8%、19.1%、16.9% 和 9.8%,保持了相对较好的增长率。而手机端电子商务类应用使用率整体上升,手机支付增长迅速,用户规模达到 2.05 亿,半年度增长率为 63.4%,网民手机支付的使用比例由 25.1% 提升至 38.9%。此外,手机购物、手机团购、手机旅行预订和手机网上银行的使用率相比 2013 年底分别增长了 42%、25.5%、65.4% 和 56.4%。①

第三,上网低龄化也是不可忽视的一大趋势。中国互联网络信息中心进行第一次"中国互联网络发展状况调查"(CNNIC,1997-10)时,发现青少年互联网用户约为 3.5 万人,20 岁以下网民占 5.6%;而当中国互联网络信息中心进行第 25 次"中国互联网络发展状况调查"(CNNIC,2010-01)时,发现青少年网民约为 1.22 亿,10-19 岁网民所占比重最大,占 31.8%。截至 2014 年 6 月,10-19 岁的网民比例为 24.5%,20-29 岁为 30.7%,30-39 岁为 23.4%;也就是说中国上网人群主要集中在 10-39 岁的人当中。其中学生群体仍然

---

① CNNIC(中国互联网络信息中心).第 34 次中国互联网络发展状况统计报告[R/OL]. 2014-07[2014-09-29].http://www.cnnic.net.cn/hlwfzyj/hlwxzbg/.

是网民中规模最大的职业群体,占比为25.1%。其次为个体户/自由职业者,占比为21.4%。相比2013年底,20岁以下网民规模占比增长0.6个百分点,50岁以上网民规模占比增加0.3个百分点,互联网继续向高龄和低龄群体渗透。

宋耀武,李宏利(2013)通过问卷调查发现:青少年从网络使用中获得的知识经验显著地预测他们的自我效能;青少年从网络使用中获得的调节能力显著地预测他们的乐观态度;青少年从网络使用中获得的正性情绪与调节能力可以显著地预测他们的心理弹性。青少年心理发展的积极品质,如自尊与自信、道德与亲社会行为、心理弹性与意志可以在网络空间内培养。因此他们提出,当前大多数研究把网络使用的心理学研究的重点放在检测少数学生的网络成瘾问题的咨询和治疗上,这导致网络使用的心理学研究的路越走越窄。网络使用过程中出现身心健康问题的青少年只是少数,过分关注这部分青少年可能忽视网络对多数青少年身心健康的正面影响。青少年心理行为发展的积极品质会在认知、情绪、意志和人格等心理行为特征上表现出来,这些积极品质需要用积极的心态去挖掘和引导,信息时代更需要借助网络使用扩展和培育青少年的这些积极品质[1]。所以近年来,心理学家不再仅局限于对青少年网络成瘾、病理性互联网使用以及网络依赖等方面的研究,也开始关注互联网对大学生、青少年认知发展、学习成绩、人际关系等的积极影响,关注即时通信的迅速发展对人类发展的影响。同时,由于手机互联网逐渐代替 PC 成为新的终端,关于手机互联网的使用、即时通信的研究也逐渐成为新的研究热点。

---

[1] 宋耀武,李宏利.基于积极心理学观点的青少年网络使用研究[J].教育研究,2013,398(3):120-125.

9.1 互联网使用与青少年认知发展

9.1.1 互联网使用与青少年认知发展的理论研究

大多数国内外学者都认为,基于已有的认知理论如皮亚杰和维果斯基等的理论,计算机与互联网作为新的认知工具,可以促进和提高儿童与青少年的认知发展和学习能力。

McCarrick, K. 和 Xiaoming, L.(2007)对 1985—2004 年计算机对儿童的社会、认知和语言发展与动机的影响的实证研究进行了梳理,并用埃里克森、皮亚杰和维果斯基的社会认知理论进行了讨论。他提出,皮亚杰认为儿童都是天才和积极的学习者,他们通过自己的生活经验独立地建构知识,因此儿童通过对探索和游戏的直接经验和积极参与来认识世界。皮亚杰在他 1980 年的著作《头脑风暴》中提出,计算机是提高儿童的积极探索活动的好工具,因为计算机可以让孩子们自己管理自己的学习。有几个实证的研究也证实了皮亚杰的观点,即计算机为学生的积极学习提供了机会,可以提高学生的认知发展与学校阅读技能。但有些学者提出皮亚杰为儿童通过计算机学习提供了一个好的理论框架,但是对学龄前儿童可能并不能提供好的教育环境,因为在那里教师和同伴是积极的影响者。因此维果斯基的理论可能能更好地解释在幼儿园环境中技术的应用。维果斯基认为儿童不是通过独立探索学习,而是通过有经验的伙伴对任务的建构来学习。伙伴的任务是认识儿童的能力,并在最近发展区内通过辅助工作延伸他们的能力。有经验的伙伴使用脚手架将复杂任务分解成儿童可以完成的小块任务,逐渐地提高儿童完成复杂任务的能力。脚手架策略包括指出任务、提醒注意、建议和提问。有些实证研究为这个理论提供了佐证,显示计算机对认知技能有有益的影响。当然,作者也提出,还需要更多的实验研究,并改进研究的方法[①]。

程磊(2008)等指出,互联网可以促进学生高阶思维发展。互联网可以促进高阶思维发展的特性表现在:(1)资源的丰富性;(2)全球范围的交流;(3)相互合作;(4)超文本环境。互联网对高阶思维发展的阻碍:(1)过量的信息;(2)导航的无方向性;(3)狭隘的思考模式;(4)信息质量参差不齐。发展高阶思维,重在如何正确使用互联网。学生和教师都需要学会对互联网上的信息进行分析、判断和评估,也就是说,要学会在使用互联网进行学习的时候使用高阶思维[②]。

赵红妍(2011)研究了互联网对青少年社会化的影响,发现网络不仅对青少年社会化过程中价值观、文化传承等方面产生巨大影响,互联网也促进认知发展。互联网是青少年形成并完善社会认知的重要学习场所。互联网为青少年提供了超越年龄的时间维度,能够接触到成人的思维和意识,使青少年的自我实现趋向得到强化和发展;互联网的使用有助于青少年的观察学习;互联网的使用促进了青少年知识的扩展;互联网的使用有助于提高青少年的理解力[③]。

当然,也有个别学者提出了异议,认为计算机和互联网对青少

[①] McCarrick, K., & Xiaoming, L. Buried treasure: The impact of computer use on young children's social, cognitive, language development and motivation[J]. AACE Journal, 2007(15):73-95.

[②] 程磊,黄山涯,黄宝玉. 互联网对学生高阶思维发展的影响[J]. 中国轻工教育,2008(1):3-4.

[③] 赵红妍. 互联网对青少年社会化的影响研究[D].长春:东北财经大学,2011.

年思维发展有负面影响。杜兴彦(2010)则认为,即时通讯(如 QQ)弱化了大学生逻辑思维能力。从逻辑思维培养方面来看,书信的优势又显然大过 QQ。QQ 对逻辑思维弱化的主要反映形式在于:1.QQ 聊天界面对逻辑思维的弱化;2.QQ 聊天所产生的时间差对逻辑思维的弱化;3.QQ 聊天语言对逻辑思维的弱化;4.一对多的聊天形式对逻辑思维的弱化[1]。Cristian Vasile(2012)认为数字技术特别是基于互联网的活动对儿童和青少年有负面的影响。他认为互联网活动主要是多媒体的视觉活动,杂乱的视觉信息会导致视觉工作记忆过载从而降低效率和认知分数;还有些观点认为 IT 技术是造成一些疾病如注意力缺陷障碍的潜在指数增长的因素之一。当然,越来越多的结果显示因为数字技术的集中使用造成了相应的认知改变,而且这些改变在现代社会中对人类发展并非是负面的影响。但是也有一些研究显示越来越多的互联网使用会导致一些特定技能低于前数字时代。研究显示人类的认知功能在改变:我们正在适应新的信息加工过程,但是在数字化世界我们的视觉通道太多造成超载,导致认知性能降低[2]。

9.1.2 互联网使用与青少年认知发展的实证研究

相当一部分国内外实证研究发现,互联网使用可以提高儿童和青少年、大学生的认知分数和阅读技能。Xiaoming Li 等学者(2004)在美国底特律对 122 名学前儿童进行了本德尔视动完形测验、布恩

---

[1] 杜兴彦,蒋永峰.即时通讯对大学生逻辑思维的弱化——以 QQ 为例[J].新闻前哨,2010(8):76.

[2] Cristian Vasile. Digital era psychology-studies on cognitive changes[J]. Social and Behavioral Sciences, 2012(33):732-736.

基本概念测验学前儿童第三版、大肌肉动作发展第二版、韦克斯勒学前与小学智力测验修订本简易版,并从父母那里搜集了关于儿童的家庭情况和早期计算机经历。结果发现,早年或幼儿园期间接触计算机与幼儿概念和认知发展有关[1]。G.M. Johnson(2008)提出,互联网使用使人类的活动发生了快速的转变,从社会认知理论的角度看长期经常地从事转换活动也会带来认知转变。他让406名大学生完成了四种修订后的各自代表了PASS认知加工模型的一个维度(计划、注意、同步、继时性编码)的认知评价体系分测验,以及对他们使用互联网程度和性质的评定量表,然后进行了非独立样本t检验。结果显示,频繁使用互联网者在计划能力、视觉注意、视觉同步过程等认知分数上高于非频繁使用者。该结果也支持了两种理论假设:工具的使用可以提高认知能力以及工具代表认知过程的扩展[2]。Bruno Campello de Souza等学者(2010)基于一种新的人工智能模型—认知调节网络理论(the Cognitive Mediation Networks Theory,该理论试图解释大脑活动与受外界结构如工具、社会团体和文化相互影响的信息过程联合影响人类认知),对不受环境控制的MMORPGS(大型多人网络角色扮演游戏)进行了实证研究,128名巴西高中生作为被试,进行了人口统计学信息、电脑游戏的使用信息收集以及小的知识测验、简版心理智力测验。结果发现,MMORPGS使用者比那些不玩的人更加超文化,他们不只是玩游戏,而且会使用电子科技的所有应用来学习和娱乐,因此他们能高水平地融入数字时代、有着高水平的逻辑与数值分数和更好的学科

---

[1] Xiaoming Li and Melissa S. Atkins. Early Childhood Computer Experience and Cognitive and Motor Development[J]. PEDIATRICS, 2004,113(6):1715-1722.

[2] G.M. Johnson. Cognitive processing differences between frequent and infrequent Internet users[J]. Computers in Human Behavior, 2008(24): 2094-2106.

能力[①]。Jackson 等学者(2011)考察了在控制性别、种族、年龄和家庭收入这些变量的影响后,儿童信息技术使用(对互联网的使用、使用手机和玩视频游戏)对身体质量指数(BMI)、体重、学习成绩、社会自尊和整体自尊的预测作用。结果发现,对视觉-空间技能唯一且能够强预测的是玩电子游戏,这一变量也对低 GPA 成绩有显著的预测作用。性别和网络使用能够预测在阅读技能上的标准化测验分数。相比于男性和儿童中使用网络较少的个体,女孩和儿童中使用网络更多的个体有更好的阅读技能[②]。Javier Gil-Flores(2012)探索了学生课外在线经历与他们的 PISA 成绩之间的关系,特别是他们的数字化阅读的成绩。数据来自西班牙学生 2009PISA(该测试由 OECD 设计,65 个国家参加)成绩。从西班牙学生中抽取了 4748 名学生,他们都做过数字化阅读测验。结果发现,在线经历中信息搜索活动比在线社交活动更能解释数字化阅读的成绩[③]。

同时,越来越多的学生使用社交网站,也会对他们的认知能力产生影响。Tracy 和 Ross(2012)对一组青少年被试在 Facbook、Twitter 和 YouTube 三个社交网站的使用状况进行调查,并对其工作记忆、注意技能和社会联系水平进行测试。结果发现,在以上三个社交网站从事的特定活动情况可以预测被试的工作记忆成绩(例如检验好

[①] Bruno Campello de Souza, Leonardo Xavier de Lima e Silva, Antonio Roazzi. MMORPGS and cognitive performance: A study with 1280 Brazilian high school students[J]. Computers in Human Behavior, 2010(26): 1564-1573.

[②] Jackson, L. A., Von Eye, A., Fitzgerald, H. E., Witt, E. A., & Zhao, Y. Internet use, videogame playing and cell phone use as predictors of children's body mass index (BMI), body weight, academic performance, and social and overall self-esteem[J]. Computers in Human Behavior, 2011,27(1):599-604.

[③] Javier Gil-Flores, Juan-Jesús Torres-Gordillo, Víctor-Hugo Perera-Rodríguez. The role of online reader experience in explaining students' performance in digital Reading[J]. Computers & Education, 2012(59):653-660.

友的在线状况、邀请好友观看视频等)。调查结果还表明社交网站的活跃用户和非活跃用户在注意分配能力方面存在本质性的差异。活跃用户在第一组实验中对于靶刺激的辨别具有更高的准确率和更低的失误率。除了靶刺激外,他们同样也没有忽视干扰刺激的存在。他们对社交网站的使用充满了探索性,并且能对接受到的信息流平均分配注意力[①]。Alloway(2013)研究了SNS(社交网站)对青少年认知能力和社会联结水平的影响。她对学生实施了语言能力、工作记忆和学业成就的标准化测验,并让学生回答了关于社交媒体(Facebook、YouTube、Twitter)使用时间和类型的问题。研究发现,使用过Facebook(但没有使用过YouTube)超过一年的青少年在语言能力、工作记忆、拼写能力上与其他使用时间较短的青少年相比得分更高。Facebook活动类型似乎也有影响,回归分析发现确认一个朋友的状态更新能够显著预测其语言能力的得分。然而,常规的或者积极的使用SNS(每个小时vs.一个月一次),他们的认知分数并没有区别[②]。

以上研究证实,正常的网络使用确实可以提高认知能力,但是也有研究发现过度网络使用或者长期使用可能对青少年认知水平产生负面影响。Min-Hyeon Park(2011)等学者对253名初中生和389名高中生进行了网络成瘾的筛查,后对比了59名网络成瘾者和43名非成瘾者的IQ测验。结果发现网络成瘾组的理解分测验显著低于非成瘾组。由于理解分测验的项目主要是由道德判断和

[①] Tracy Packiam Alloway, Ross Geoffrey Alloway. The impact of engagement with social networking sites(SNSs) on cognitive skills[J]. Computers in Human Be-havior, 2012 (28):1748-1754.

[②] Alloway, T. P., Horton, J., & Alloway, R. G. Social networking sites and cognitive abilities: Do they make you smarter?[J]. Computers & Education, 2013(63):10-16.

现实检验组成,因此网络成瘾有可能与低社会智力有关。早期的网络成瘾者与长期的网络成瘾者都在与注意力有关的参与分数上比较低。由于这个研究是横断研究,因此并不清楚是认知技能低的人容易患上网络成瘾还是网络成瘾导致认知技能低。但是由于青少年是脑部发育的活跃期,网络成瘾对青少年认知功能的影响不可忽视[1]。T.-L. MacKay(2011)等学者认为成瘾行为越来越受到技术的影响,其中最近发展最快的就是网络赌博。数据显示网络赌客比例可达10%,研究显示网络赌客特别容易发展出赌博问题。他们在加拿大一所大规模的大学调查了374名被试(其中143名网络赌客,172名男性),他们在线完成了问卷,包括人口统计学、相关中介、心理疾病、认知因素等。结果发现认知缺陷可显著预测在线赌博。在控制了其他因素后,发现认知缺陷增加了在线赌客的赌博问题的严重程度[2]。

9.2 互联网使用与青少年学业成绩

互联网使用与青少年、大学生学业成绩的实证研究显示,互联网确实是一把双刃剑,用得好就会对学习成绩有促进作用,用的方式不对或过度使用就有可能降低学习成绩。

Marjut Wallenius(2009)等学者对6761名(有效率69%)12-18岁的芬兰青少年进行了问卷调查,其中4085名玩电子游戏(包括计

---

[1] Min-Hyeon Park, E-Jin Park, Jeewook Choi, Sukhi Chai, Ji-Han Lee, Chul Lee, Dai-Jin Kim. Preliminary study of Internet addiction and cognitive function in adolescents based on IQ tests[J]. Psychiatry Research, 2011(190):275-281.

[2] T.-L. MacKay, D. Hodgins, N. Bard, M. Bowling. Cognitive Distortions Among Online Gamblers[J]. European Psychiatry, 2011(26):1911.

算机游戏、网络游戏和电视游戏等)的被试回答了问卷。主要有两种类型的动机,工具(学习新事物和程序,和别人有共同话题,使用和发展游戏技能,体验不同的世界)和程序化(消遣、娱乐,恢复、放松,逃避日常生活,忘记烦恼)。随着玩的时间增长,所有动机的重要性也增加。工具型的动机对男孩和年龄小的孩子更重要。通常伴随的是早的上床时间、觉得健康变坏、与妈妈的交流更好以及更好的学习成绩,但只在男孩中间这样。两性共同的特点是,随着年龄的增长程序化动机更重要了,伴随的是更好的学习成绩、更差的睡眠习惯,觉得健康变坏[1]。Ibrahim 和 Serpil(2009)研究了计算机使用对于学生数学成绩的影响。被试从土耳其国际学生评估项目(PISA)的参与学生中进行取样,由来自159所学校的4816名15岁土耳其学生组成。结果发现:学校的类别、男生以及在家使用计算机等变量与数学成绩显著相关。他们认为应该通过计算机的使用来提高数学成绩。学校教育质量的提高应该可以提高数学成绩,学校管理者应该增加图书馆的书籍、视听资源和计算机[2]。Linda A. Jackson(2011)等学者考察了网络使用和玩电视游戏对儿童学习成绩的影响,性别、种族和收入也在考虑之列。被试是482名儿童,平均年龄12岁,三分之一是非裔美国人,另外三分之二是美国白人。第一次测量在第一年,然后一年之后进行第二次测量。结果显示,那些小一点的最初阅读技能比较低的孩子,更多的网络使用可以提

---

[1] Marjut Wallenius, Arja Rimpel?, Raija-Leena Punam?ki, Tomi Lintonen. Digital game playing motives among adolescents: Relations to parent-child communication, school performance, sleeping habits, and perceived health[J]. Journal of Applied Developmental Psychology, 2009(30):463-474.

[2] Ibrahim DEMIR, Serpil KILIC. Effects of computer use on students'mathe-matics achievement in Turkey[J]. Procedia Social and Behavioral Sciences, 2009(1):1802-1804.

高他们的阅读技能;那些低 GPA(grade point averages)分数的学生玩电视游戏也能提高他们的视觉空间能力;性别、种族和收入影响互联网的使用、电视游戏和学习成绩,但上网、玩电视游戏与学习成绩无关[1]。Yu-Qian Zhu 等学者(2011)研究了台湾 295 名职业高中学生使用互联网进行信息搜索的活动、学业自我效能感和学习成绩之间的关系。结果发现,互联网信息搜索活动通过自我效能感这个中介变量对学生的学习成绩产生积极影响。同时,学业自我效能感还是互联网信息搜索活动和学生的学习成绩之间的调节变量,即低学业自我效能感的学生,学习成绩受互联网信息搜索活动的影响更大。因此,对那些低自我效能感的学生,发现并鼓励他们多使用互联网进行信息搜索活动,这样就可以更有效地提高他们的学习成绩。对那些自我效能感高的学生,互联网信息搜索活动并不是提高他们学习成绩的有效方法。为了达到更好的信息搜索,需要处理信息过载,并区分互联网上有用和虚假的信息。一种可能的解决方法是内容过滤技术,可以让父母控制自己的小孩可以打开的网页和内容,使孩子能够接触高质量的内容,而避免网上那些干扰和虚假的内容[2]。

目前大学生人手一部智能手机,因此很多大学生可能是一边学习一边使用社交网络,这对他们的学习成绩产生了深远的影响。

---

[1] Linda A. Jackson, Alexander von Eye, Edward A. Witt, Yong Zhao, Hiram E. Fitzgerald. A longitudinal study of the effects of Internet use and videogame playing on academic performance and the roles of gender, race and income in these relationships[J]. Computers in Human Behavior, 2011(27):228–239.

[2] Yu-Qian Zhu, Li-Yueh Chen, Houn-Gee Chen, Ching-Chin Chern. How does Internet information seeking help academic performance? —The moderating and mediating roles of academic self-efficacy[J]. Computers & Education, 2011(57):2476–2484.

2010年,一家美国教育应用研究所对126所美国大学和1所加拿大大学的36950名大学生进行了调查,发现其中90%的学生使用社交网络,97%使用Facebook,而且每天都经常登录活跃使用。因此,国外学者对Facebook与学业成绩的关系很感兴趣[1]。Paul等学者(2010)认为,如今的孩子们具有同时进行多任务处理的能力,但是同时处理多种信息会带来负面效应,相对于依次处理多种信息的人来说,同时处理会使得他们为达到学科平衡花费更多的时间,同时增加出错的概率。他们对102名本科生和117名研究生Facebook的使用情况(经常边看边学习)、被试自我报告的GPA测验结果以及每周花在学习上的时间三者间的关系进行研究,发现Facebook用户相比非用户,虽然他们花在互联网的总时间并没有差别,但Facebook用户自我报告的GPA成绩较低而且花在学习上的平均时间较少[2]。但是作者也分析说,由于这些数据是相关分析,因此并不能说明Facebook使用导致学生学习时间减少或者导致低的GPA分数。如果Facebook不存在,也许他们会把时间花在其他活动上也可能会影响学习。Reynol(2011)用了1839名大学生作为被试,研究Facebook使用频率的多重指标(包括Facebook使用时间和检查次数)、14项经常在Facebook进行的活动的频率、花在为学习做准备的时间和真实的GPA分数的之间关系。分层回归分析发现花在Facebook上的时间与花在学习上的时间有着非常显著的负相关;花在Facebook上的时间与花

---

[1] Reynol Junco. Too much face and not enough books: The relationship between multiple indicesof Facebook use and academic performance[J]. Computers in Human Behavior, 2011(28):187-198.

[2] Paul A. Kischner, Aryn C. Karpinski. Facebook and academic performance[J]. Computers in Human Behavior, 2010(26):1237-1245.

在为上课做准备的时间只有非常微弱的相关;而用 Facebook 进行搜索和分享链接、检查朋友是否在线对 GPA 分数有积极的预测作用,用 Facebook 进行社交(如聊天、更新状态等)对 GPA 分数是有消极的预测作用[1]。Jomon 等学者(2012)对一个大的州立大学商学院的学生使用 OSN(在线社交平台)的情况和学业成绩的关系进行了研究,他将学习能力、行为预测、注意力水平、学生性格、时间管理、OSN 使用时间、学习成绩等变量建立了一个结构方程模型,结果发现,花在 OSN 的时间与他们的学业成绩存在显著的负相关。花在社交网络上的时间深受学生注意力水平的影响,注意力水平越高,花在 OSN 上的时间越少[2]。

美国 Andrew Lepp 等学者(2014)指出,如今手机和传统计算机在功能上的区别已经越来越不清晰了,只有一种区别很清晰,那就是手机几乎总在手上而且可以提供给用户一系列服务并可以在任何时间任何地方连上网络。皮尤中心的互联网与美国生活课题组认为,大学生是对手机科技适应最快的人群,因此也特别需要研究高频率地使用手机是否影响他们的健康和行为。他们研究了 536 名大学生使用手机总时间和短信息总数与生活满意度之间的关系。假设学业成绩(GPA)和焦虑是他们之间的中介变量。分别进行了两条路径分析,结果验证了该假设:手机使用总时间和短信息总数与 GPA 呈负相关,与焦虑呈正相关;GPA 与生活满意度呈正相关而

---

[1] Reynol Junco. Too much face and not enough books: The relationship between multiple indicesof Facebook use and academic performance[J]. Computers in Human Behavior, 2011(28):187-198.

[2] Jomon Aliyas Paul, Hope M. Baker & Justin Daniel Cochran. Effect of online social networking on student academic performance[J]. Computers in Human Behavior, 2012(28): 2117-2127.

焦虑与生活满意度呈负相关。这些发现增加了对大学生使用手机的质疑,这些越来越多的手机使用可能对学习成绩、心理健康和主观幸福感产生负面的影响。那些经常使用手机的学生可能花在学习上的时间很少,他们有可能在上课或学习的时候使用手机,更有可能是同时进行多重任务或转移任务即一边上课一边学习一边用手机,这些行为众所周知会导致差成绩[1]。

我国"大学生互联网使用状况研究"课题组 2011 和 2012 两年以问卷调查的方式对 12 所高校(高职院校 8 所,基本覆盖各种专业;专科学校 1 所,本科 3 所)部分在校生进行调查,参与问卷调查总人数超 5000 人。结果显示:大学生年平均每天上网时间为 3.42 小时;大学生上网地点由网吧向学校转移;大学生由电脑上网向手机上网发展转移。大学生利用互联网学习及其与课堂学习关系特点如下:1.互联网是大学生获取知识的三大主要途径之一(课堂教学、自学和互联网),有 87%的人认为,互联网正在改变我们的学习方式。2.利用网络学习的方式呈单一化。大学生在学习过程中表现出来的也仅仅是网络的信息功能,如:新闻浏览、查资料和视频下载等。如果涉及到自身专业方面的知识,也只是进入到与本专业相关的专题网站或网络课程教学资源库进行资料的查找与浏览,呈固定单一化特点。3.大学生网络学习的最大困难来自网络诱惑。37.6%的学生选择"网络诱惑,易偏离学习目标";27.3%的学生选择"垃圾信息多";25.4%的学生选择"缺乏信息技能";9.7%的学生选择"其他"。4.大学生使用互联网对课堂学习影响较大。有 41.4%的

---

[1] Andrew Lepp, Jacob E. Barkley, Aryn C. Karpinski. The relationship between cell phone use, academic performance, anxiety, and Satisfaction with Life in college students[J]. Computers in Human Behavior, 2014(31):343-350.

学生有通宵聊天的经历,个案中连续上网聊天时间最长达到65小时。除此之外,网络游戏对大学生的吸引力也很强,自制力较强的会利用课余时间玩,自制力弱的学生甚至在课堂上也有玩网络游戏的现象[1]。

  本人非常认同 Witter 和 Senkbeil(2007)提出的观点,即家庭使用电脑(包括上网)可能只是影响学习成绩的远端变量,并不直接对学生的成绩产生影响。如果学生在使用电脑时自己获得了计算机技能并致力于问题解决活动,那么他们的数学成绩就能得到提高。因此,在计算机使用(包括上网活动)与学生的学业成绩之间是否存在这样的中介变量还需要进一步的实证研究[2]。Jackson(2006)的纵向研究发现,在使用互联网6个月、1年及16个月后,那些经常上网的学生在阅读标准化测验和 GPA 的分数比比较少上网的学生高,而且他发现那些花更多时间上网的孩子的记录显示他们浏览的网页大都是文本形式,他们较少使用聊天和交流等功能。这说明青少年在登陆互联网时使用了什么功能,浏览了什么内容,即互联网使用偏好,可能才是影响学习成绩的关键[3]。Nævdal(2004,2007)的研究进一步证实了这一点。他发现,只有那些与学校学习活动有关的计算机活动,如搜索信息和做作业等能预测一般的学业成绩,而玩和聊天等活动则不能。如果学生使用电脑主要是从事信

---

[1] 刘爱国.大学生互联网使用与学习关系调查比较研究——以湖南12所抽样高校为例[J].中南林业科技大学学报:社会科学版,2013,7(3):167-170.

[2] Wittwer, J., & Senkbeil, M., (2007). Is students' computer use at home related to their mathematical performance at school? [J/OL]. Computers & Education, doi:10.1016/j.compedu. 2007.03.001.

[3] Jackson, L. A., Eye, A., Biocca, F. A. et al. (2006). Does Home Internet Use Influence the Academic Performance of Low-Income Children? [J]. Developmental Psychology, 42(3):429-435.

息搜索和文字处理等与学校作业相关的活动,那么会对英语成绩有积极的影响;而玩乐、网上冲浪和聊天等活动与英语成绩没有关系[①]。程建伟(2008)的研究发现,互联网使用的信息获得偏好、信息交流偏好对语文、数学、英语成绩有积极的影响。信息技能是信息获得偏好、信息交流偏好影响语文、英语学习成绩的中介变量。阅读能力是信息技能影响语文成绩的中介变量、以及信息技能影响数学成绩的中介变量。互联网使用的娱乐偏好对语文、数学、英语成绩有消极的影响。阅读能力和语文成绩是娱乐偏好影响数学和英语成绩的中介变量[②]。对于Facebook的研究也是如此,有研究(Tracy & Ross,2012;Alloway,2013)发现Facebook等社交网络的使用可以提高认知分数,积极预测学习成绩,有些研究(Paul等,2010;Reynol,2011;Jomon等,2012)却发现Facebook等社交网络的使用消极预测学习成绩,因此关于Facebook等社交网络的使用对学习成绩的影响应该也要看使用它们来做什么事情,中间也可能有工作记忆等中介变量在起作用。也许正像Reynol(2011)指出的,如何使用科技比花在科技上的时间在对结果的预测上更重要,因此使用科技的不同方式就可能导致积极和消极两种不同的结果。

近几年几位国内学者的研究也进一步证实,如何使用互联网,在网上从事何种类型的活动,对学生学习成绩的影响差别很大。杨秀(2009)通过对中学生网络使用现状调查分析发现,网络为中学生提供了丰富的学习资源和学习工具,拓宽了中学生视野,锻炼了思维能力,也促进了中学生自主学习、合作学习、探究学习、个性化学习的学

[①] Nævdal, F. Home-PC usage and achievement in English[J]. Computers & Education, 2007(49):1112-1121.

[②] 程建伟.青少年的互联网使用偏好、信息技能及其对学业成绩的影响[D].武汉:华中师范大学心理学院,2008.

习方式的变革。但同时,网络也对中学生产生了深远影响,对网络的依赖性,使中学生缺乏自主思考能力,使用网络进行学习时,中学生由于自身学习、性格特点,容易被网络不良信息侵蚀。更严重的如网络成瘾、网络犯罪,将影响并给中学生的学业造成巨大的障碍[1]。Paul 等学者(2010)认为现在的孩子们会用很多电子设备,被称为数码一代,但其实他们对科技并没有很深入的了解;他们是会玩电子设备,但是他们并未真正有效地使用他们所拥有的电子装备。他们只会一些基本的技能如发邮件、发信息、玩 Facebook、网上搜索,但是他们缺乏信息素养;会用 Google 去搜索,但是未必能很好地找到他们所要的信息。因此进一步的培训非常重要,这样才能帮助他们利用科技和网络更好地进行学习和解决问题。金枝(2011)研究了参加"学习科学与技术"课程学习的五所大学的 154 名大学生,结果发现大学生每天使用互联网的时间很长,但用于学习的时间却很少,很多情况下,网络仅仅作为一种娱乐工具而不是学习工具。大学生在课程学习中经常用到的几种技术主要有:即时信息、大学图书馆网站、网络学习平台、Wikis、社交网站、在线文档、课程授课的录像或录音。大学生更喜欢采用以下几种方式进行学习,依次是:听音频或看视频;基于文本对话的方式,包括 E-mail、即时信息和文本信息;使用网络搜索、网站、博客等。大学生网络学习行为整体偏高,且个体差异较大,网络学习行为与投入的学习时间、学习成绩呈正向相关关系[2]。Jomon 等学者(2012)认为,学生其实有能力把他们的在线社交平台用于学习上,只是他们不愿意那么做。如果更多的教师知道怎样将在线社交平台无缝地、有效地应用于他们的课

---

[1] 杨秀.网络对中学生学习的影响及对策研究[D].长春:东北师范大学,2009.
[2] 金枝.大学生网络学习行为研究[D].南京:南京大学教育技术学院,2011.

程中,那么在线社交平台可以成为一种提供有效教学方法的科技。学生需要教师更多的引导以提高他们管理时间的能力和发展更好的学习策略,例如他们可以用一些新的工具,如在线日程表、提醒功能等,可以在很多电子装备上发送短信或邮件提醒重要事件和截止日期,还有一些应用可以帮助学生在一个每天日程表上分配作业和任务等。可见,怎样使用网络对我们的生活的影响是不同的。

9.3 小结与展望

9.3.1 最新的研究方法及发展方向

现今对互联网使用的研究不再局限于原有的质的研究方法(qualitative method)和量的研究方法(quantitative method)两大类,更多地利用网络从自然状态下直接获得数据。Megan A. Moreno等学者(2012)提出,以往的互联网使用研究都依赖于个体自我报告使用社交网络的时间,有可能产生偏差,应该需要更科学的统计时间的手段。他提出使用一种实时报告法,对实际经历抽样(ESM)进行研究。189名平均年龄为18.9岁的大学生参与一项7天的ESM研究,每天在6个随机的时间发送文本消息,调查当时的互联网使用时间和活动。他们每天平均上网时间是56分钟,自我报告的互联网使用时间与ESM数据相关为0.31($p<0.001$)。超过半数的被试报告他们在线进行多重任务处理。研究显示,大学生在网上频繁进行多重任务处理,这可能可以解释那些互联网使用过度的报告。作者认为ESM应该是一种调查每日互联网使用的好的方法,当然可能不适宜进行全国性的大规模基础调查。将来应该探索如何使用ESM的调查结果来改进自我报告的方法,将来关于互联网使用

的自我报告的研究也可以在自我报告在线的时间的同时评估在线进行的活动,以此调整花在多重任务上的时间[1]。

另一方面,现今的互联网研究逐渐用综合的研究方法代替了单一的研究方法,统计方法上也不再局限于 t 检验、MANOVA,而更多是多层线性回归、结构方程等;另外,研究者倾向于更多地采用实验研究和纵向研究,以便更好地探索互联网使用与青少年心理发展之间的因果关系。俄罗斯学者 Lobov 进行了长达 8 年的纵向研究,研究对象分别是 10-12 岁儿童、18-20 岁学生、25-40 岁成人,他们经过长期的(多达 3 年)和系统的互联网使用(每天使用互联网不少于 4 小时,每周不少于 5 天)再来测试认知能力。结果发现,网络活动学校的儿童和学生通过 3 年多的互联网资源使用,与控制组和实验组(从事自己喜欢的网络活动)相比,提高了简单和复杂的非言语资料的记忆能力。使用网络资源 10 年以上的学生和成人,与使用 6 年以上的学生和成人相比,对复杂的非言语材料的记忆速度下降了。使用网络资源 3 年以上的儿童与那些使用 1.5 年和 1.5-3 年的相比,思维能力提高了,但注意力下降了[2]。

当然未来的研究会困难更多,因为越来越多的青少年、大学生使用互联网和社交网络,很难找到不使用的人与他们对比;特别是让被试志愿一段时间不使用网络就更难。方法上也很难控制,也许需要更好的更科学的实验设计。

另外,由于便利或其他因素,很多研究的对象都是大学生,但是

---

[1] Megan A. Moreno, Lauren Jelenchick, Rosalind Koff, Jens Eikoff, Cheryl Diermyer, Dimitri A. Christakis. Internet use and multitasking among older adolescents: An experience sampling approach[J]. Computers in Human Behavior, 2012(28):1097-1102.

[2] Lubov Cheremoshkina. Influence of internet-activity for people's cognitive abilities [J]. Social and Behavioral Sciences, 2011(29): 1625-1634.

互联网使用应该对青少年的影响更大,因为青少年的大脑还处在发育时期,同时他们也处在社会联结发展的关键期,因此还需要更多的研究针对小学生和中学生。当然,由于互联网发展的低龄化以及更多的中老年人也学会使用互联网,未来研究领域还要扩展到更多的人群,研究对象可以拓展到任何年龄。

9.3.2 未来可以拓展的研究领域

未来研究的热点可以聚焦网络游戏对人类认知的影响,社交平台与认知发展和学习成绩之间的关系以及手机互联网的使用对人类认知和学习成绩的影响上,而且需要更多的跨文化研究。例如,在欧美等国家,Facebook 提供与很久未见的朋友的联系,可以上传自己的信息包括照片,以及分享你阅读过的文章,有些类似国内的人人网;YouTube 是一个分享视频的平台,也可以在上面创建个人主页,与他人交朋友,有些类似国内的优酷;而 Twitter 相对于相互的社会交往来说更多地聚焦于分享信息,有些类似国内的微博。而国外学者对这些社交平台的研究可否放到不同的文化中来进行呢?目前,非洲一些国家数字鸿沟仍然存在,需要更多的研究来发现网络使用与种族、性别差异、人口学特征和学习成绩之间的关系(Jackson,2011)。国内学者可以开展更多对人人网、优酷、微博、微信与青少年认知发展和学习成绩之间的关系的研究。特别是在现今智能手机和 4G 网络越来越普及,手机互联网的使用是否会影响学生的认知发展和学习成绩?需要更多的心理学家和教育学家进行关注。

未来研究还可以探索互联网使用与认知发展、学习成绩之间更多的结构,例如工作记忆是否是 Facebook 使用与学习成绩之间的中介变量?特殊领域自我效能感是否是互联网使用与不同学科成绩之间的中介变量？互联网自我效能感是否是信息搜索与学习成绩的中介变量？手机使用与学习成绩、生活满意度之间还有何种变量在起作用？影响学习成绩的因素众多，如认知发展、心理发展、自我控制、坚持等等，未来研究应该需要有一个更大的结构图来描述互联网使用与认知发展和学习成绩之间的关系。

参考文献

American Library Association. Presidential Committee on Information Literacy. Final Report [R]. Chicago: American Library Association, 1989.

American Association of School Librarians & Association for Educational Communications and Technology. Information Literacy Standards For Student Learning[R]. AASL&AECT, 1998.

Aslanidou, S., Menexes, G. Youth and the Internet and practices in the home [J/OL]. Computers & Education, 2008, doi:10.1016/j. compedu. 2007.12003.

Association of college and Research Libraries. Information literacy competence standards for higher education [R/OL]. ACRL, 2000 [2007-9-25].http://www.ala.org/ala/acrl/acrlstandards/informationliteracycompetency.cfm.

Attewell, P., & Battle, J. Home computers and school Performance [J]. Information Society, 1999, 15(1):1-10.

Attewell, P., Garcia, B. C., Battle, J. Computers and young children: Social benefit or social problem? [J]. Social Forces. Chapel Hill, 2003, 82(1):277.

Bandura, A. Social cognitive Theory: An Agentic Perspective [J]. Annual, Review, Psychology, 2001(52):1–26.

Basmat Parsad, Jennifer Jones, Westat Bernard Greene. Internet Access in U.S. Public Schools and Classrooms: 1994–2003 [R/OL], National Center for Education Statistics, February 2005 [2007–9–25]. http://nces.ed.gov/pubsearch

Becta, DFES UK. A review of the research Literature relating to ICT and attainment. Margaret Cox and Chris Abbott(Eds.) [R/OL]. 2004 [2007–9–25]. http://www.becta.org.uk/page_documents/research/ict_attainment04.pdf

Bottino, R. M., Ferlino, L., Ott, M., Tavella, M. Developing strategic and reasoning abilities with computer games at primary school level [J]. Computers & Education, 2007(49):1272–1286.

Bundy, A. ed. Australian and New Zealand Information Literacy Framework: Principles, Standards and Practice [DB/OL]. Adelaide: Australian and New Zealand Institue for Information Literacy, 2004 [2007–9–25]. http://www.anziil.org/resources/Info%20lit%202nd%20edition.pdf.

Bruce, C. S. Information literacy as a catalyst for education change: A background paper. White Paper prepared for UNESCO[R]. Prague:The U.S. National Commission on Libraries and Information Science, and the National Forum on Information Literacy, for use at the Information Literacy Meeting of Experts, Prague,2002.

Bruce, B. C., Levin, J. A. Educational Technology:Media for Inquiry, Communication, Construction, and Expression [J]. Journal of Educatiohnal Computing Research, 1997, 17(1):79–102.

Brown, J. Leveraging the Web for Creating Learning Ecologies: Key note on the International Conferenceon Computers in Education [R]. Beijing: ICCE, 1998.

Bussière, P. and Gluszynski, T. The Impact of Computer Use on Reading Achievement of 15-year-olds [R]. Canada: Learning Policy Directorate, Strategic Policy and Planning Branch Human Resources and Skills Development ,2004.

Center for the Digital Future. Online World As Important to Internet Users as Real World? 2007 Digital Future Report [DB/OL]. Los Angeles: USC Annenberg School, 2004[2007-9-25]. http://www.digitalcenter.org/pages/current_report.asp? intGlobalId=19.

Center for the Digital Future. Surveying the Digital Future YEAR FOUR [R/OL]. Los Angeles: USC Annenberg School, 2004 [2007-9-25]. http://www.digitalcenter.org/pages/site_content.asp? intGlobalId=20.

Clark, R. Reconsidering Research on learning from media [J]. Review of Instructional Technology, 1983(53):445-459.

Clark, R. Current Progress and Future Directions for research in Instructional Technology [J]. Educational Technology Research and Development, 1989, 37(1):57-66.

Clements, D. H., Nastasi, B. K., & Swaminathan, S. Young children and computers: crossroad and direction from research [J]. Young Children, 1993(48):56-64.

Chou, C., Tsai, M. J. Gender difference in Taiwan High school students' computer game playing [J]. Computers in Human Behavior, 2007(23):812-824.

Davis, R. A. A cognitive-behavioral model of pathological Internet use [J]. Computers in Human behavior, 2001(17):187–195.

Doyle, C. Outcome Measures for Information literacy within the National Education Goals of 1990: Final Report to National Forum on Information Literacy[R]. Summary of Findings, 1990.

Durkin, K., Barber, B. Not so doomed: computer game play and positive adolescent Development[J]. Applied Development Psychology, 2002(23):373–392.

Folkesson, A. M., Swalander, L. Self-regulated leraning through writing on computers: Consequences for reading comprehension [J]. Computers in Human Behavoir, 2007(23):2488–2508.

Greenfield, P., Yan, Z. Children, Adolescents, and Internet: A new Field of Inquiry in Development Psychology [J]. Developmental Psychology, 2006, 42(3):391–394.

Gross, E. F. Adolescents Internet use: What we expect, what teens report [J]. Applied Developmental Psychology, 2004(25):633–649.

Hamburge, Y. A., Ben-Artzi, E. The relationship between extraversion and neuroticism and the different uses of the internet [J]. Computers in Human Behavoir, 2000(16):441–449.

Harskamp, E. G., Suhre, C. J. M. Improving mathematical problem solving: A computerized Approach [J]. Computers in Human Behavior, 2006(22):801–815.

Hasselbring, T. S. Use of computer Technology to Help Students with Special Needs. The Future of Children [J]. Fall/Winter2000. Children and Computer Technology, 2000(10):2.

Hills, P., &Argyle, M. Uses of the Internet and their relationships with individual differences in personality [J]. Computers in Human Behavior, 2003(19):59—70.

Hobbs, L. J., Yan, Z. Cracking the walnut: Using a computer game to impact cognition, emotion, and behavior of highly aggressive fifth grade students [J]. Computers in Human Behavior, 2008 (24): 421—438.

Hunley, S. A., Evans. J. H., Hachey, M. D., Krise, J., Rich, T, Schell, C. Adolescent computer use and academic achievement [J]. Adolescence, Summer, 2005.

Granic, I., Lamey, A, V. The Self-organization of Internet and changing models of thought [J]. New Ideas in Psychology, 2000(18): 93—107.

Karasavvidis, I. Distributed Cognition and Educational Practice [J]. Journal of Interactive Learning Research, 2002, 13(12):11—29.

Kaynar, O., & Hamburge, Y. A. The effects of Need for Cognition on Internet use revisited [J/OL]. Computers in Human Behavior, 2007, doi:10.1016/j.cnb.2007.01.033.

Klein, S. P., Nir-Gal, O. Humanizing computers for young children: effects of computerized mediation of anological thinking in kindergartens [J]. Journal of Computer Assisted Learning, 1992(8):244—254.

Klein, S. P., Nir-Gal, O., Darom, E. The use of computers in kindergarten, with or without adult mediation; effects on children's cognitive performance and behavior [J]. Computers in Human Behavior, 2000(16):591—608.

Kraut, R., Patterson, M., Lundmark, V., et al. Internet Paradox: A Social Technology That Reduces Social Involvement and Psychology

Well-Being? [J]. American Psychologist, 1998, 53(9): 1017−1031.

Kraut, R. & Kisler, S., M., Boneva, B., et al. Internet Paradox Revised [J]. Journal of Social Issues, 2002, 58(1):49−74.

Kulik, C. C., Kulik, J. A. & Schwalb. Effectiveness of computer-based education in colleges [J], AEDS Journal,1986(19):81−108.

Kulik, C. C., Kulik, J. A. Effectiveness of computer-based instruction: An update analysis [J]. Computer in Human Behavior, 1991 (7): 75−94.

Kulik, C. C., Kulik, J. A. Effectiveness of testing for mastery on student learning. Paper presented at annal meeting of the American Educational Research Association[R]. San Francisco: AERA , 1986, April.

Kulik, C. C., Kulik, J. A., Bangert-Downs, R. L. Effectiveness of computer-based education in elementary schools [J]. Computer in Human Behavior, 1985(1):59−74.

Kurubacak, G. Building Knowledge networks through project-based online learning: A study of developing critical thinking skills via reusable learning object [J]. Computer in Human Behavior, 2007 (23): 2668−2695.

Ku, H. H., Harter, C. A., Liu, P. L., Thompson, L., Cheng, Y. C. The effects of individual personalized computer-based instructional program on solving mathematics problems[J]. Computers in Human Behavoir, 2007(23):1195−1210.

Larose, R., Estain, M. S. A Social Cognitive Explanation of Internet Uses and Gratifications: Toward a New Theory of Media Attendance. A paper submitted to the Communication and Technology Division[R].

International Communication Association, November 1, 2002.

Lauman, D. J. Student home computer use: A reviewof the literature [J]. Journal of Research on Computing in Education. Winter 2000, 33 (2): Academic Research Library, 196.

LeFevre, J. A., DeStefano, D. Cognitve load in hypertext reading: A review[J]. Computers in Human Behavoir, 2007(23): 1616−1641.

Li, N., Kirkup, Gill. Gender and Culture differences in Internet use: A study of China and the UK [J]. Computers & Education, 2007(48): 301−317.

Liaw, S. S. An Internet survey for perceptions of computers and World Wide Web: Relationship, prediction, and difference [J]. Computers in Human Behavoir, 2002(18):17−35.

Liu, M. Examining the performance and attitudes of sixth graders during their use of a problem-based hypermedia learning environment [J]. Computers in Human Behavoir, 2004(20): 357−379.

Loertcher, D. V. & B. Woolls: The Information Literacy Movement of the School Liberary Media Field: A Preliminary Summary of the Reasearch [DB/OL]. ALA&AECT, 1998 [2007−9−25]. http://slisweb.sjsu.edu/courses/250.loertscher/modelloer.html.

Lubart, T. How can computers be partners in the creative process: Classification and commentary on the Special Issue [J]. Human-Computer Studies, 2005(63): 365−369.

McKenna, K.Y.A., & Bargh, J.A. Coming out in the age of internet: Identity "demarginalization" through virtual group participation [J]. Journal of Personality and Social Psychology, 1998(75): 681−694.

McKenna, K.Y.A., & Bargh, J.A. Plan 9 from Cyberspace: The

implications of the Internet for personality and social psychology [J]. Personality and Social Psychology Review, 2000(4):57-75.

Miller, G. E., & Emihovich, C. The effects mediated programming instruction on pre-school children's self-monitoring [J]. Journal of Educational Computing Research, 1986(2): 283-299.

Nævdal, F. Home-PC usage and achievement in English [J]. Computers & Education, 2007(49):1112-1121.

Nir-Gal, O. The effects of games and writing software on cognition functions of kindergarden children [J]. Maof & Maase Michlelet Achva, 1996(3):29-44(in Hebrew).

Jackson, L. A., Eye, A., Biocca, F. A. et al. Does Home Internet Use Influence the Academic Performance of Low-Income Children? [J]. Developmental Psychology, 2006, 42(3):429-435.

OECD. Are students ready for a technology-rich world? What PISA studies tell us[DB/OL]. Paris: OECD, 2006[2007-9-25]. http://www.oecd.org/dataoecd/28/4/35995145.pdf.

O'Keefe, B. J., Zehnder, S. Understanding media development: A framework and case study [J]. Applied Development Psychology,2004 (25):729-740.

Parker, D. R., Benedict, K. B. Assessment and intervention: Promoting successful transitions for college students with ADHD [J]. Assessment for Effective Intervention, 2002, 27(3): 3-24.

Roschelle, J. M., Pea, R. D., Hoadley, C. M., Gordin, D. N., Means, B. M. Changing How and What Children Learn in School with Computere-Based Technologies [J]. The Future of Children, 2000, 10 (2): 76-101.

Shani, M. The effects of working with a computer on the development of thinking in kindergarden children[D]. Isral: Ramat Gan. School of Education, Bar Ilan University, 1986.

Sutherland, R., Facer, K., Furlong, R. Furlong, John. A new environment for education? The computer in the home [J]. Computers & Education, 2000(34):195-212.

Subrahmanyam, K., Greenfield, P., Kraut, R. Gross, E. The Impact of Home Computer use on children's Activities and Development [J]. The Future of Children, 2000, 10(2):123-144.

Subrahmanyam, K., Greenfield, P., Kraut, R. Gross, E. The impact of computer use on children's and adolescents' development [J]. Applied Development Psychology, 2001(22):7-30.

Swickert, R. J., Hittner, J. B., Harris, J. L., Herring, J. A. Relationships among Internet use, personality, and social support [J]. Computers in Human Behavior, 2002(18):437-451.

University of California, Los Angeles. World Internet Project [R/OL]. Los Angeles: UCLA Center for Communication Policy, 2004[2007-9-25]. http://www.digitalcenter.org/pages/site_content.asp? intGlobalId=20.

Watkins, M. W., Lei, P. W., Caivez, G. L. Psychometric intelligence and achivement: A cross-lagged panel anaysis [J]. Intelligence, 2007 (35):59-68.

Welker, J. K. Parental Perceptions of Control: A Study of Parental Mediation of Children's Internet Use at Home [D]. Virginia: Regent University School of Communicayion and the Arts, 2005.

Wittwer, J., Senkbeil, M. Is students' computer use at home related to their mathematical performance at school? [J/OL]. Computers &

Education, doi:10.1016/j.compedu. 2007.03.001.

Young, K. S. Internet Addiction: the Emergence of a new Clinical Disorder. Paper presented at the 10th annual meeting of the American Psychological Association [R]. Toronto: APA, August 15, 1996.

Yan. Z., Fischer, K. How children and adults learn to use computers: A developmental approach [J]. New Directions for child and Adolescent Development, 2004(105): 41−61.

Yan. Z. Age differences in chidren's understanding of the complexity of the internet [J]. Applied Developmental Psychology, 2005(26): 385−396.

Yan. Z. What Influences Children's and Adolescents' Understanding of the Complexity of the Internet? [J]. Development Psychology, 2006, 42(3):418−428.

Yang, S. C., Huang, L. J. Computer-mediated critical doing history project [J]. Computers in Human Behavior, 2007(23): 2144−2162.

Yang, S. C. E-critical/thematic doing history project: Intergrating the critical thinking approach with Computer-mediated history learning [J]. Computers in Human Behavior, 2007(23): 2059−2112.

Young, K. Toward a model for the study of children's informal Internet use [J/OL]. Computers in Human Behavior, dio:10.1016/j.chb. 2007.01.008

Zurkowski, P. G. National Program For Library And Information Services [R]. Washington: National Commission on Libraries and Information Science, 1974

CNNIC(中国互联网络信息中心). 第 21 次中国互联网络发展状况统计报告[R/OL].2008−01[2008−2−01].http://www.cnnic.net/

index/0E/00/11/index.htm.

CNNIC(中国互联网络信息中心).第20次中国互联网络发展状况统计报告[R/OL].2007-07[2007-9-25].http://www.cnnic.net/index/0E/00/11/index.htm.

郭良.网络创世纪——从阿帕网到互联网[M].北京:中国人民大学出版社,1998:3.

Don Tapscott. N世代:主导21世纪数位生活的新新族群[M].陈晓开、袁世佩,译.美商麦格罗.希尔,1998.

卜卫,郭良青少年使用互联网状况及影响的调查报告[R/OL],2002[2007-9-25]. http://ec.cycnet.com/itre/index1.htm

中国青少年网络协会.中国青少年网瘾数据报告[R],2005年11月22日.

王珠珠,等.2006年中国东中部地区基础教育信息化调查报告[R/OL].北京:教育部基础教育资源中心,北京大学教育技术系,2006-09[2006-11-28]. http://162.105.142.7/xueshuyanjiu/xueshuchengguo/xueshuchengguo.

赵国栋,等.互联网上的N世代:北京市中小学生网络文化研究报告[R/OL].北京:北京大学教育学院教育技术系,2006[2006-11-28]. http://www.websurvey.cn.

雷雳,柳铭心.青少年的人格特征与互联网社交服务使用偏好的关系[J].心理学报,2005,37(6):797-802.

李秀敏.互联网内容偏好与大学生人格特质关系的研究[J].心理科学,2004,27(3):559-562.

杨洋,雷雳.青少年外向/宜人性人格、互联网服务偏好与"网络成瘾"的关系[J].心理发展与教育,2007(2):42-48.

郑晓齐,董杜骄,何雄.信息技术对人类认知活动的影响分析[J].

中国软科学,2002(3):118-120.

李宏利,刘惠军.互联网与青少年思维发展[J].首都师范大学学报:社会科学版,2004,161(6):108-112.

李宏利,雷雳,王争艳等.互联网对人的心理影响[J].心理学动态,2001,9(4):376-381.

马海群.论信息素质教育.中国图书馆学报[J],1997(2):84-87.

樊振佳.近十年国内信息能力研究综述[J].情报科学,2006,24(7):1111-1115.

石建政.论网络环境下的信息素养构建[J].现代情报,2007(7):208-210.

杨晓光,陈文勇.信息素养和信息素养人[J].中国信息导报,1999(11):40-42.

陈维维,李艺.信息素养的内涵、层次及培养[J].电化教育研究,2002(11):7-8.

张义兵,李艺."信息素养"新界说[J].教育研究,2003(3):78-81.

祝智庭,顾小清.信息素养:信息技术教育的核心[J].中小学信息技术教育,2002(12):37-41.

张亚莉.信息素养内涵的建构[J].图书馆论坛,2005,25(5):53-55.

张艳艳.美国中小学信息素养评价概况[J].教学与管理,2005(10):95-96.

张洪洋.信息素养教育研究述评[J].山西师大学报(社会科学版),2005,32(5):135-139.

鲍洪晶,孙平.信息素养教学有效模式研究与实施[J].图书馆工作与研究,2007,137(1):87-91.

赵呈领.信息素养:促进学生多元智能发展的动因[J].电化教

育研究,2005(12):12-14.

江宇.社会结构和网络技能获得———项关于高中生互联网使用技能差异的实证研究[J].新闻与传播研究,2007,14(2):42-49.

赵静.信息商及其测度——以300名大学生测试为例[D].成都:四川大学公共管理学院,2004.

张铁墨.初中生信息素养的模糊—绩效评价方法研究[D].辽宁:辽宁师范大学教育技术系,2005.

刘孝文.信息素养评估指标体系研究[D].保定:河北大学图书情报系,2006.

莫力科.大学生信息能力建设模式与实证研究[D].杭州:浙江大学管理学院,2005.

姚梅林.学习规律[M].武汉:湖北教育出版社,1992:140.

施良方.学习论——学习心理学的理论与原理[M].北京:人民教育出版社,1994.

唐卫海,刘希平.教育心理学[M].天津:南开大学出版社,2005.

皮连生.教育心理学[M].上海:上海教育出版社,2004.

皮连生.智育心理学[M].北京:人民教育出版社,1996.

陈琦,张建伟.信息时代的整合性学习模型——信息技术整合于教学的生态观诠释[J].北京大学教育评论,2003,1(3):90-96.

孙邦正,邹季婉.心理与教育测量[M].台湾:商务印书馆,1983.

莫雷.中小学生语文阅读能力研究[M].广州:广东教育出版社,1993.

莫雷.中小学生语文阅读能力结构的发展特点[J].心理学报,1992(4):346-354.

温鸿博,莫雷.小学语文阅读能力测评量表的编制[D].广州:华南师范大学心理学系,2005.

温忠麟,侯杰泰,张雷. 调节效应与中介效应的比较和应用[J]. 心理学报, 2005, 37(2):268-274.

侯杰泰,温忠麟,成子娟. 结构方程模型及其应用[M]. 北京:教育科学出版社, 2004:154-161.

俞国良,辛自强. 社会性发展心理学[M]. 合肥:安徽教育出版社, 2004:400-401.

林崇德. 发展心理学[M]. 杭州:浙江教育出版社, 2002:311-312.

张文新. 青少年发展心理学[M]. 济南:山东人民出版社, 2002:84-85.

张向葵. 青少年心理问题研究[M]. 长春:东北师范大学出版社, 2004:156.

朱智贤. 儿童心理学[M]. 北京:人民教育出版社, 1981:344.

罗照盛,张厚粲. 中小学生语文阅读理解能力结构及其发展特点研究[J]. 心理科学, 2001,24(6):654-656.

孙雪冬,张丽. 用多元智能理论构建教育网游新体系[J]. 中小学信息技术教育, 2007(4): 47-48.

杨鹏. 游戏、心理与环境:以系统思维综合对待网络游戏成瘾[J]. 中国青年研究, 2006(6): 8-12.

桑德拉.L.卡尔弗特. 信息时代的儿童发展[M]. 张莉,杨帆,译. 北京:商务印书馆,2007.

张新风,雷雳. 少年儿童互联网使用与学习适应性和心理健康的关系[D]. 北京:首都师范大学 心理学系, 2007.

附　录

附录1：青少年互联网使用偏好问卷初始项目

您在上网的时候会使用以下网络服务的功能吗？请在符合您的实际情况的括号下打"√"。（每题只能选择一个答案）

（1＝从不使用　2＝很少使用　3＝有时使用　4＝经常使用）

	1	2	3	4
1. 浏览各类新闻	( )	( )	( )	( )
2. 搜集与学校课程有关的信息	( )	( )	( )	( )
3. 搜集与自己兴趣、爱好有关的信息	( )	( )	( )	( )
4. 上教育网站学习	( )	( )	( )	( )
5. 看作文	( )	( )	( )	( )
6. 下载软件	( )	( )	( )	( )
7. 下载音乐和图片	( )	( )	( )	( )
8. 查地图	( )	( )	( )	( )
9. 查询生活信息，如天气预报等	( )	( )	( )	( )
10. 学画画	( )	( )	( )	( )
11. 参与社区论坛	( )	( )	( )	( )
12. 写博客或个人空间	( )	( )	( )	( )
13. 浏览他人空间或主页	( )	( )	( )	( )
14. 维护个人主页	( )	( )	( )	( )

15. 在他人空间或主页留言　　　（　）（　）（　）（　）
16. 发邮件　　　　　　　　　　（　）（　）（　）（　）
17. 网上即时聊天　　　　　　　（　）（　）（　）（　）
18. 听音乐　　　　　　　　　　（　）（　）（　）（　）
19. 养电子宠物,如QQ宠物　　　（　）（　）（　）（　）
20. 看动画片　　　　　　　　　（　）（　）（　）（　）
21. 看小说　　　　　　　　　　（　）（　）（　）（　）
22. 看电视、电影　　　　　　　（　）（　）（　）（　）
23. 玩游戏　　　　　　　　　　（　）（　）（　）（　）
24. 购物　　　　　　　　　　　（　）（　）（　）（　）
25. 充值　　　　　　　　　　　（　）（　）（　）（　）

附录2：青少年互联网使用偏好问卷项目

您在上网的时候会使用以下网络服务的功能吗？请在符合您的实际情况的括号下打"√"。（每题只能选择一个答案）

（1＝从不使用　2＝很少使用　3＝有时使用　4＝经常使用）

	1	2	3	4
1. 在博客、个人空间上写文章、上传图片等	( )	( )	( )	( )
2. 浏览他人网页或空间并留言	( )	( )	( )	( )
3. 上贴吧、参与社区论坛发帖子等	( )	( )	( )	( )
4. 制作和维护个人主页	( )	( )	( )	( )
5. 收发邮件	( )	( )	( )	( )
6. 网上聊天	( )	( )	( )	( )
7. 看网络电视、电影等	( )	( )	( )	( )
8. 看漫画、小说等	( )	( )	( )	( )
9. 玩游戏	( )	( )	( )	( )
10. 下载电脑软件	( )	( )	( )	( )
11. 看动画片、Flash等其他视频	( )	( )	( )	( )
12. 浏览各类新闻	( )	( )	( )	( )
13. 查找和阅读与课程学习有关的信息	( )	( )	( )	( )
14. 上教育网站学习（如看作文、例题等）	( )	( )	( )	( )
15. 查询生活信息（如天气、地图、交通、健康等）	( )	( )	( )	( )
16. 学习电脑技术等	( )	( )	( )	( )

附录3：青少年信息技能评估指标体系专家咨询问卷(第一次)

尊敬的专家、校长、老师：

您好！信息技能是信息社会中人的综合能力的重要组成部分。为了设计和构建中小学生信息技能标准，确定其构成要素，我们拟定了这份调查问卷，想征求您的意见和看法。对于您的支持，我们非常感谢！

首先请您对我们初拟的信息技能标准各项构成要素的重要程度给予判定，并在相应的空格内打"√"；如果您认为还有其他本问卷没有提到的标准和要素，请在"其他"一栏内，给出您的宝贵意见和建议；最后，对您所筛选的"应具备"的信息技能标准构成要素在总分(100分)中所占比例给予判定。

您从事工作的部门或学科：＿＿＿＿ 您的职务：＿＿＿＿
您的职称：＿＿＿＿ 您的学历：＿＿＿＿ 您的年龄：＿＿＿＿

青少年信息技能构成要素	非常必要	必要	一般	不太必要	不必要
标准一：信息获取技能					
U11 搜索信息 — U111 能够通过图书馆及多种媒体获得信息(报纸、广播、电视等)					
U112 熟悉常用的搜索引擎，并十分熟练应用搜索工具进行关键词、条件查询					

续表

U12 储存信息	U121 能够采用不同的方式保存信息(摘抄、复印、下载、保存在邮箱等)					
	U122 能够将信息分门别类地保存(按载体形态、学科、主题)					
其他						
标准二:信息加工技能						
U21 评价信息	U211 能够明确从信息资料的作者、出处、日期、组织机构、具体内容等多个角度判别信息资源的真实可靠性					
	U212 能客观评价自己使用信息的效果					
U22 处理信息	U221 能够利用word进行文字处理,组织、编辑各种需要的信息					
	U222 能够利用数据处理类软件(如EX-CEL)对自己学习生活中的问题进行制表、计算等					
	U223 能够利用相关软件,进行多媒体作品(如PPT、动画等)的制作					
其他						
标准三:信息应用技能						
U31 使用信息	U311 能利用所获取的信息支持和辅助自己的学习活动					
	U312 能利用所获得的信息为日常生活提供便利					
U32 交流信息	U321 能够运用多种形式组织和表达所要交流的信息内容,如利用word进行文字编辑、制作多媒体作品进行展示等					
	U322 能够通过多种渠道、多种手段与外界交流自己获得的信息,如网上论坛、电话、公告栏、广播、邮件、聊天工具等					
其他						

青少年信息技能构成要素权重分析

一级指标	在总分（100）中应占比例%	二级指标	在总分（100）中应占比例%	三级指标	在总分（100）中应占比例%
U1 信息获取技能		U11 搜索信息		U111 能够通过图书馆及多种媒体获得信息（报纸、广播、电视等）	
				U112 熟悉常用的搜索引擎，并十分熟练应用搜索工具进行关键词、条件查询	
		U12 储存信息		U121 能够采用不同的方式保存信息（摘抄、复印、下载、保存在邮箱等）	
				U122 能够将信息分门别类地保存（按载体形态、学科、主题）	
		其他			
U2 信息加工技能		U21 评价信息		U211 能够明确从信息资料的作者、出处、日期、组织机构、具体内容等多个角度判别信息资源的真实可靠性	
				U212 能客观评价自己使用信息的效果	
		U22 处理信息		U221 能够利用word进行文字处理，组织、编辑各种需要的信息	
				U222 能够利用数据处理类软件（如EXCEL）对自己学习生活中的问题进行制表、计算等	
				U223 能够利用相关软件，进行多媒体作品（如PPT、动画等）的制作	
		其他			

续表

U3 信息应用技能	U3 信息应用技能	U31 信息应用技能	U311 能利用所获取的信息支持和辅助自己的学习活动	
			U312 能利用所获得的信息为日常生活提供便利	
		U32 交流信息	U321 能够运用多种形式组织和表达所要交流的信息内容，如利用 word 进行文字编辑、制作多媒体作品进行展示等	
			U322 能够通过多种渠道、多种手段与外界交流自己获得的信息，如网上论坛、电话、公告栏、广播、邮件、聊天工具等	
		其他		

多谢您的支持！如对本问卷有任何疑问，请致电或电邮询问。

华中师范大学心理学院 2007 年 11 月

附录4：青少年信息技能评估指标体系专家咨询问卷（第二次）

尊敬的校长/老师：

您好！多谢您在2007年11月作为专家参加我们的关于《青少年信息技能评估体系》建立的咨询活动。对于您的支持，我们非常感谢！

上一次的咨询结果主要如下：

1. 大多数专家对我们拟订的《青少年信息技能构成要素》都有一致的看法，认为其中的大部分要素对于中小学生的信息技能评估体系都是必要的。

2. 大多数专家认为"U212 能客观评价自己使用信息的效果"这一要素不太必要，中小学生的相关能力水平还比较低，因此予以删去。

3. 有专家认为"信息不仅是从电脑、网络中获得的，还有大量是从教科书、教辅材料、实验、课堂教学、以及日常生活、参观、旅游和调查研究中获得"，因此将"U111 能够通过图书馆及多种媒体获得信息（报纸、广播、电视等）"修改为"U111 能够通过图书馆和多种媒体以及多种途径获得信息"。

4. 下表（见下页）是大多数专家对青少年信息技能评估体系的意见和权重分析结果。

请您参阅上述资料，再一次权衡，如果同意多数人的意见，请在下表中对应的栏目中划"√"；如果不同意，欢迎您提出，并陈述其理由。

再次感谢您的支持！如对本问卷有任何疑问，请致电或电邮询问。

华中师范大学心理学院 2008年3月

您也可在此给出您的宝贵意见和建议：

专家对青少年信息技能评估体系的内容和权重分析结果

青少年信息技能构成要素权重分析

一级指标	在100分中应占比例%	二级指标	在100分中应占比例%	三级指标	在100分中应占比例%	同意	不同意（请给出您的理由）
U1 信息获取技能	40	U11 信息搜索技能	20	U111 能够通过图书馆和多种媒体以及多种途径获得信息	10		
				U112 熟悉常用的搜索引擎，并十分熟练应用搜索工具进行关键词、条件查询	10		
		U12 信息储存技能	20	U121 能够采用不同的方式保存信息（摘抄、复印、下载、保存在邮箱等）	10		
				U122 能够将信息分门别类地保存（按载体形态、学科、主题）	10		
U2 信息加工技能	30	U21 信息评价技能	5	U211 能够明确从信息资料的作者、出处、日期、组织机构、具体内容等多个角度判别信息资源的真实可靠性	5		
		U22 信息处理技能	25	U221 能够利用word进行文字处理，组织、编辑各种需要的信息	10		
				U222 能够利用数据处理类软件（如EXCEL）对自己学习生活中的问题进行制表、计算等	5		
				U223 能够利用相关软件，进行多媒体作品（如PPT、动画等）的制作	10		

续表

U3信息应用技能	30	U31信息使用技能	15	U311 能利用所获取的信息支持和辅助自己的学习活动		
				U312 能利用所获得的信息为日常生活提供便利		
		U32信息交流技能	15	U321 能够运用多种形式组织和表达所要交流的信息内容，如利用word进行文字编辑、制作多媒体作品进行展示等		
				U322 能够通过多种渠道、多种手段与外界交流自己获得的信息，如网上论坛、电话、公告栏、广播、邮件、聊天工具等		

附录5：青少年信息技能评估问卷初始项目

请根据你的实际情况在下面的选项前的字母上打"√"，除注明可多选的题外每题只选一个答案。

1. 当我碰到生活上或学习上的问题时,我经常(可多选)：
    a.问父母、老师或同学　　　b.查手头上的参考书等
    c.上网查找有关资料　　　　d.上图书馆查资料
    e.其他
2. 我在课外经常通过以下方式获得各类知识(可多选)。
    a.看书报杂志等　　　　　　b.上网浏览信息
    c.看电视　　　　　　　　　d.上图书馆
    e.收听广播　　　　　　　　f.去看展览
    g.其他
3. 我会使用关键词和条件查询在搜索引擎(如 Baidu、Google 等)上查资料。
    a.十分熟练　　　　　　　　b.比较熟练
    c.一般,会用关键词搜索　　　d.不熟悉,不怎么会用
4. 在网上查到的资料,我会用以下方法保存下来：
    a.打印出来
    b.复制,保存在自己的文件夹里
    c.下载,保存在邮箱里
    d.下载,保存在 U 盘或其他移动存储器里
    e.看过就行了,不保存
5. 从网上下载下来的信息,我通常：
    a.按不同类别或主题如图片、音乐、文档等分不同的文件夹存放

b.就保存在一起

c.打印出来,分类装订好以备将来查看

d. 打印出来,看完就丢掉了

6. 在网上看到的信息,我能根据作者、出处、日期等判定它的真实可靠性。

  a.能十分肯定地判断   b.能比较肯定地判断

  c. 一般地进行判断   d.不能判断

7. 我会使用数据处理类软件(如EXCEL)对自己学习生活中的问题进行制表、计算。

  a. 十分熟练   b.比较熟练

  c. 一般,会用   d. 不熟悉,不怎么会用

8. 我会使用PHOTOSHOP、FLASH等应用软件做图像处理、动画等。

  a.十分熟练   b.比较熟练

  c.一般,会用   d.不熟悉,不怎么会用

9. 我会使用图书馆、网络、电视、报纸等帮助自己学习,如查找学习资料等。

  a.总是如此   b.有时会用

  c.很少用   d.不熟悉,不怎么用

10. 我会为自己的日常活动如出门坐车、买东西、参观等搜集一些相关的信息。

  a.总是这样   b.有时这样

  c.很少这样   d.没有这样做

11. 我会使用文字处理软件 Word 的各种功能,如格式化文本、复制、粘贴、编辑、插入图片或艺术字、改变背景颜色、绘图工具等。

  a.十分熟练,都会用   b.比较熟练,有些会用

c.一般,只会用简单的 　　　　d.不熟悉,都不怎么会用

12. 当老师布置一项作业如作文或口头演讲时,我会用 Word 或 PPT 来展示。

  a.总是这样　　b.有时这样　　c.很少这样　　d.没有

13. 上网时,我会参与网上论坛、博客、个人主页或 QQ 等发表自己的意见或学到的知识。

  a.总是这样　　b.有时这样　　c.很少这样　　d.没有

14. 使用网络搜索引擎(如 Google、Yahoo、Baidu 等),不能找到以下资料:

  a.图书馆里的书籍　　　　b.名人的传记

  c.商品目录　　　　　　　d.公司的信息

  e.其他(请写出)　　　　f.不知道

15. 当你要了解与大熊猫相关的内容时,又不能用大熊猫这个词查找时,请从下面列出的词中选出相关度最高的一组词,可以从这些词的角度去找到所需的信息。

  a.①国宝;②卧龙　　　　b.①竹子;②生态环境

  c.①动物保护;②中国　　d.以上均可

16. 在课外看到、搜集到的信息(如文章、资料等),我可用自己的语言表达出来与他人交流。

  a.不擅长　　b.不太擅长　　c.比较擅长　　d.十分擅长

17. 看到一些好的文章、图片或其他资料时,或者自己有好的想法、文章、图片时,我会用以下手段对它进行加工(可多选)。

  a.手写　　　　b.手绘　　　　c.Word 文字处理

  d.图像软件　　e.电子表格　　f.动画软件

  g.Web 网页制作工具　　　h.PPT 演示文稿

  i.其他(请写出)

附录6：青少年信息技能评估问卷初步问卷

请根据你的实际情况在下面的选项前的字母上打"○"。

以下为单选题：

1. 我会使用关键词和条件查询在搜索引擎（如 Baidu、Google 等）上查资料。（　　）

　　a.不熟悉,不怎么会用　　　　b.一般,会用关键词搜索

　　c.比较熟练　　　　　　　　d.十分熟练

2. 当你要了解与大熊猫相关的内容时，又不能用大熊猫这个词查找时，请从下面列出的词中选出相关度最高的一组词，以从这些词的角度去找到所需的信息。（　　）

　　a.①国宝；②卧龙　　　　　b.①竹子；②生态环境

　　c.①动物保护；②中国　　　d.以上均可

3. 从网上下载下来的信息，我通常打印出来，分类装订好以备将来查看；或者按不同类别或主题如图片、音乐、文档等分不同的文件夹存放。（　　）

　　a.没有这样做　　　　　　　b.很少这样做

　　c.有时这样做　　　　　　　d.总是这样做

4. 在网上看到的信息，我能判定它的真实可靠性（例如根据作者、出处、日期等）。（　　）

　　a.不能判断　　　　　　　　b.一般地进行判断

　　c.能比较肯定地判断　　　　d.能十分肯定地判断

5. 我会使用文字处理软件word的各种功能,如格式化文本、复制、粘贴、编辑、插入图片或艺术字、改变背景颜色、绘图工具等。（　　）

　　a.不熟悉,都不怎么会用　　b.一般,只会用简单的

c.比较熟练,有些会用　　　　　d.十分熟练,都会用

6. 我会使用数据处理类软件(如电子表格等)对自己学习生活中的问题进行制表、计算。(　　)

　　a.不熟悉,不怎么会用　　　　b.一般,会用

　　c.比较熟练　　　　　　　　　d.十分熟练

7. 我会使用应用软件(如 PHOTOSHOP、FLASH 等)做图像处理、动画等。(　　)

　　a.不熟悉,不怎么会用　　　　b.一般,会用

　　c.比较熟练　　　　　　　　　d.十分熟练

8. 我能够利用课外看到和搜集到的一些信息(如文章和资料等)帮助自己学习。(　　)

　　a.不怎么用　　b.很少用　　c.有时会用　　d.总是如此

9. 我会为自己的日常活动如出门坐车、买东西、参观等搜集一些相关的信息。(　　)

　　a.没有这样做　　b.很少这样　　c.有时这样　　d.总是这样

10. 在课外看到、搜集到的信息(如文章、资料等),我可用自己的语言表达出来给其他人听。(　　)

　　a.不擅长　　b.不太擅长　　c.比较擅长　　d.十分擅长

以下为多选题:

11. 我在课外经常通过以下方式获得各类信息和知识。(　　)

　　a.看书报杂志等　　　　　　b.上网浏览信息

　　c.看电视　　　　　　　　　d.上图书馆(室)

　　e.收听广播　　　　　　　　f.看展览

　　g.旅游　　　　　　　　　　h.课外调查

　　i.其他(请写出)_____。

12. 看到好的信息(如文章、图片、资料等),我会用以下方法保存下来。(　　)

　　a.看过就行了,不保存　　　　b.摘抄下来
　　c.剪报　　　d.复印下来　　e.买下来　　　f.打印出来
　　g.复制,保存在自己的电脑里　　h.下载,保存在邮箱里
　　i.下载,保存在U盘或其他移动存储器里
　　j.其他(请写出)＿＿＿＿＿＿＿＿＿＿＿＿＿＿＿

13. 看到一些好的文章、图片或其他资料时,或者自己有好的想法、文章、图片时,我会用以下手段对它进行加工。(　　)

　　a.文字处理　　b.图像软件　　c.手写　　　d.电子表格
　　e.手绘　　　　f.讲演软件　　g.Web网页制作工具
　　h.动画软件　　i.其他(请写出)＿＿＿＿＿＿＿＿＿＿

14. 我会使用以下途径与人交流或发表自己的意见、看到的信息、学到的知识。(　　)

　　a.电话　　　　b.手机短信　　c.发E-MAIL
　　d.广播　　　　e.网络通讯工具(QQ等)
　　f.网上论坛或别人的空间、博客　g.自己的博客或个人主页
　　h.公告栏或黑板报　　　　　　i.书信
　　j.其他(请写出)＿＿＿＿＿＿＿＿＿＿＿＿＿＿＿

15. 看到一些好的文章、图片或其他资料时,或者自己有好的想法时,我会用以下形式跟别人交流。(可多选)。(　　)

　　a.手写文稿　　b.Word文档　　c.照片　　　d.PPT
　　e.Web网页　　f.口头表达　　　g.唱歌　　　h.漫画或图画
　　i.跳舞　　　　j.实物展示　　　k.视频或Flash等多媒体
　　l.其他(请写出)＿＿＿＿＿＿＿＿＿＿＿＿＿＿＿

附录7:青少年信息技能评估正式问卷

请根据你的实际情况在下面的选项前的字母上打"○"。

注意:以下1-10题是单项选择题,每题只能选一个答案。

1. 我会使用关键词和条件查询在搜索引擎(如 Baidu、Google 等)上查资料。(　　)

　　a.不熟悉,不怎么会用　　　　b.一般,会用关键词搜索
　　c.比较熟练　　　　　　　　　d.十分熟练

2. 从网上下载下来的信息,我通常打印出来,分类装订好以备将来查看;或者按不同类别或主题如图片、音乐、文档等分不同的文件夹存放。(　　)

　　a.没有这样做　　　　　　　　b.很少这样做
　　c.有时这样做　　　　　　　　d.总是这样做

3. 在网上看到的信息,我能判定它的真实可靠性(例如根据作者、出处、日期等)。(　　)

　　a.不能判断　　　　　　　　　b.一般地进行判断
　　c.能比较肯定地判断　　　　　d.能十分肯定地判断

4. 我会使用文字处理软件 word 的各种功能,如格式化文本、复制、粘贴、编辑、插入图片或艺术字、改变背景颜色、绘图工具等。(　　)

　　a.不熟悉,都不怎么会用　　　b.一般,只会用简单的
　　c.比较熟练,有些会用　　　　d.十分熟练,都会用

5. 我会使用数据处理类软件(如电子表格等)对自己学习生活中的问题进行制表、计算。(　　)

　　a.不熟悉,不怎么会用　　　　b.一般,会用

c.比较熟练　　　　　　　　d.十分熟练

　　6. 我会使用应用软件（如PHOTOSHOP、FLASH等）做图像处理、动画等。（　　）

　　　　a.不熟悉,不怎么会用　　　　b.一般,会用
　　　　c.比较熟练　　　　　　　　d.十分熟练

　　7. 我能够利用课外看到和搜集到的一些信息（如文章和资料等）帮助自己学习。（　　）

　　　　a.不怎么用　　b.很少用　　c.有时会用　　d.总是如此

　　8. 我会为自己的日常活动如出门坐车、买东西、参观等搜集一些相关的信息。（　　）

　　　　a.没有这样做　　b.很少这样　　c.有时这样　　d.总是这样

　　9. 在课外看到、搜集到的信息（如文章、资料等），我可用自己的语言表达出来与他人交流。（　　）

　　　　a.不擅长　　　b.不太擅长　　c.比较擅长　　d.十分擅长

　　注意：以下11~14题是多项选择题,每题可以选多个答案。

　　10. 我在课外经常通过以下方式获得各类信息和知识。（　　）

　　　　a.看书报杂志等　　　　　b.上网浏览信息
　　　　c.看电视　　　　　　　　d.上图书馆(室)
　　　　e.收听广播　　　　　　　f.看展览
　　　　g.旅游　　　　　　　　　h.课外调查
　　　　i.听同学或朋友讲述　　　j.其他(请写出)＿＿＿＿

　　11. 看到好的信息（如文章、图片、资料等），我会用以下方法保存下来。（　　）

　　　　a.看过就行了,不保存　　　b.摘抄下来
　　　　c.剪报　　　　　　　　　d.复印下来

e.买下来　　　　　　　　　f.打印出来

　　g.复制,保存在自己的电脑里　　h.下载,保存在邮箱里

　　i.下载,保存在 U 盘或其他移动存储器里

　　j.其他(请写出)＿＿＿＿＿＿＿＿

12. 看到一些好的文章、图片或其他资料时,或者自己有好的想法、文章、图片时,我会用以下手段对它进行整理修改,以便与他人交流。(　　)

　　a.手写　　　　　　　　　　b.手绘漫画或图画

　　c.Word 文字处理　　　　　 d.图像软件

　　e.电子表格　　　　　　　　f.动画软件

　　g.Web 网页制作工具　　　　h.幻灯片

　　i.口头表达　　　　　　　　j.肢体语言

　　k.其他(请写出)＿＿＿＿＿＿＿＿

13. 我会使用以下途径与人交流或发表自己的意见、看到的信息、学到的知识。(　　)

　　a.电话　　　b.手机短信　　c.发 E-MAIL

　　d.广播　　　e.网络通讯工具(QQ 等)

　　f.网站、网上论坛或别人的空间、博客

　　g.自己的博客或个人主页　　h.书信

　　i.公告栏或黑板报　　　　　j.当面谈话

　　k.自己办手抄报　　　　　　l.其他(请写出)＿＿＿＿＿＿＿＿

后　记

从2004年开始进行青少年互联网使用的研究，至今已经有近10年的时间了，这期间不仅互联网世界发生了翻天覆地的变化，我的人生也发生了巨大的变化。

首先要感谢我的博士生导师刘华山教授和心理学院的江光荣教授、周宗奎教授、郭永玉教授、佐斌教授以及我本科的辅导员龙立荣教授、吴金林主任，我的硕士研究生导师刘荣才教授，还有汪海燕教授、龚少英教授、徐富明教授、胡萍老师等在我的研究期间给予我的指导、帮助和鼓励，非常感谢他们！

感谢我的师姐李晔副教授给予我很多的关心和鼓励；感谢我的博士同学和好姐妹赵冬梅、梁晓燕、钟华、胡三曼、夏勉、韩琴、谢员等，我们一路走来，相互扶持和鼓励；感谢张影、吴先超、宋淑娟、范士青、李淑媛、钱珍、游志麒等师弟师妹们以及现在的同事颜剑雄、杨森、郑唯等为我撰写论文提供的帮助；感谢我的高中同学王敏庆教授、我的大学同学程国重和梁宇颂，国重还为我的调查无偿地提供了网上平台，并不辞辛苦地编写了程序，感谢你们！

感谢参与此次调查工作的潘晓东主任、王晓皖老师、梅燕歧校长、袁晓峰校长、赖香恒校长、廖心波主任、杨歌主任、李武主任、蒋平老师、王延玲老师、饶维新校长、梁棣老师和各位班主任以及参与专家咨询的老师;感谢我以前的同事和好朋友晓琴、晓燕、阿欧、薇薇、小雯、小明、阿妹。没有你们的帮助,我无法完成此次繁杂的调查工作。

最后,还要感谢我的家人对我的支持和鼓励!

天空没有翅膀的痕迹,而我已经飞过!这些年,收获的不仅是学问,还有更多关于人生的思考……路漫漫其修远兮,吾将上下而求索!

程建伟

2014 年 6 月于深圳